KÖNIGS ERLÄUTERUNGEN

Band 117

Textanalyse und Interpretation zu

William Shakespeare

MACBETH

Maria-Felicitas Herforth

Alle erforderlichen Infos für Abitur, Matura, Klausur und Referat plus Musteraufgaben mit Lösungsansätzen

Bange Verlag

Zitierte Ausgabe:
Shakespeare, William: *Macbeth.* Hrsg. von Barbara Rojahn-Deyk. Stuttgart: Philipp Reclam jun., 2000.

Über die Autorin dieser Erläuterung:
Maria-Felicitas Herforth, geboren 1980, Studium der Anglistik und Germanistik an der Ruhr-Universität Bochum (1999–2005), Studienaufenthalt in Großbritannien (2001–2002), 2005–2006 Doktorandin und wissenschaftliche Hilfskraft im Englischen Seminar der Ruhr-Universität Bochum, seit 2009 Studienrätin mit den Fächern Englisch und Deutsch, Autorin von Königs Erläuterungen.

5. Auflage 2020
ISBN: 978-3-8044-1973-5
PDF: 978-3-8044-5973-1, EPUB: 978-3-8044-6973-0

Titelbild: Orson Welles in der Verfilmung USA 1948 © Cinetext
Druck und Weiterverarbeitung: Tiskárna Akcent, Vimperk

1. DAS WICHTIGSTE AUF EINEN BLICK – SCHNELLÜBERSICHT

Damit sich jeder Leser in unserem Band rasch zurechtfindet und das für ihn Interessante gleich entdeckt, hier eine Übersicht.

Im 2. Kapitel beschreiben wir **Shakespeares Leben** und stellen den **zeitgeschichtlichen Hintergrund** dar:

➪ S. 9 ff.
→ William Shakespeare lebte von **1564 bis 1616** in Stratford-upon-Avon und London.

➪ S. 13 ff.
→ Die Tragödie des Macbeth ist ein Dokument des berühmten **Elisabethanischen Zeitalters** (1558–1603) und der anschließenden Zeit.

➪ S. 20 ff.
→ *Macbeth* ist eine der vier großen Tragödien Shakespeares und galt in verschiedensten Epochen als blutrünstiges Schauerstück, als kunstvoll gestaltete Parabel, als wahrhaftige Tragödie oder als einzigartige Darstellung und Erörterung der menschlichen Seele.

Im 3. Kapitel bieten wir eine **Textanalyse und -interpretation**.

Macbeth – Entstehung und Quellen:

➪ S. 23 ff.

1605/1606	*Macbeth* entsteht unter der Regentschaft James I. von England.
1611	Erste bezeugte **Aufführung** im „Globe Theatre", London.
1623	Erste **Drucklegung** des Macbeth in der **Folio**-Ausgabe zwischen den Tragödien *Julius Cäsar* und *Hamlet*.

Macbeth ist ein Dokument des gesamten geistigen Horizonts der Shakespearezeit. In *Macbeth* bearbeitet Shakespeare Teile der **schottischen Geschichte** des 11. Jahrhunderts; **Hauptquelle** ist Raphael Holinsheds *Chronicles of England, Scotlande, and Ireland* aus dem Jahre 1577.

Inhalt:

Nach einer erfolgreichen Schlacht wird dem tapferen und ehrenhaften Macbeth von drei teuflischen Hexen in doppeldeutigen Anspielungen die Aussicht auf das Erlangen der Königswürde prophezeit. Macbeths besonderer Ehrgeiz ist angefacht und er ermordet den beliebten König Duncan. Der Königsmord verhilft ihm zur vermeintlichen Erfüllung der Prophezeiung: er wird König. Um diese Position zu halten, regiert er despotisch und lässt vermeintliche Widersacher ermorden. Macbeth isoliert sich zunehmend. Duncans nach England geflüchteter Sohn Malcolm durchschaut auf Initiative des ehrenwerten Macduff die Intrige Macbeths und stürzt ihn in der finalen Schlacht um Dunsinane. Macbeth stirbt im Zweikampf durch Macduff, dessen Familie er zuvor brutal hat ermorden lassen. ➪ S. 27 ff.

Insbesondere Zweierkonstellationen werden zur Spiegelung von charakterlichen Parallelen und Kontrasten genutzt. Wider besseren Wissens begeht Macbeth den Königsmord und somit Verrat an seiner eigenen menschlichen Natur und am von Gott eingesetzten König und der göttlichen Ordnung. Er kann seinen übermäßigen Ehrgeiz nicht zügeln und stürzt in eben diesem Bewusstsein ins Verderben, was ihn zu einem der berühmten tragischen Helden Shakespeares macht.

Chronologie und Schauplätze:

Überschaubare und einsträngige Handlungskonstruktion dem klassischen Fünf-Akt-Schema entsprechend. Akt I: Exposition, begin- ➪ S. 51 ff.

nende Verkehrung der Ordnung; Akt II: Entfaltung und Steigerung des dramatischen Konflikts; Akt III: Krisis und Peripetie (Höhepunkt und Handlungsumschwung); Akt IV: Fallende Handlung und beginnende Lösung des Konflikts; Akt V: Katastrophe, Fall des tragischen Helden Macbeth, Wiederherstellung der natürlichen Ordnung. Einzelne Szenen weisen aufgrund ihrer speziellen, kunstfertigen Struktur zusätzliche unterhaltende und lehrende Elemente auf.

Die Tragödie spielt hauptsächlich in Schottland. Schauplätze sind das Schloss in Forres, der Wohnsitz der Macbeths in Inverness und das Schloss der Familie Macduff. Der fünfte Aufzug spielt um das Schloss im schottischen Dunsinane. Nur die 3. Szene des 4. Aktes spielt im königlichen Schloss in England.

Personen:

Die Bühnengesellschaft des *Macbeth* repräsentiert die wirkliche Elisabethanische Gesellschaft in ihren wichtigen Funktionsmitgliedern. Politisch-gesellschaftliche Funktionen sowie Verwandtschaftsverhältnisse innerhalb der „dramatis personae" führen zum Überlappen von staatlichen und familiären Ereignissen. Alle Personen sind zu Beginn von *Macbeth* angeführt.

Die wichtigsten Personen sind:

⇨ S. 59 ff.

Macbeth

→ Zu Beginn loyaler Anführer des königlichen Heeres,
→ ermordet König Duncan und wird widerrechtlich König;
→ regiert despotisch und lässt Widersacher aus dem Weg räumen,
→ wird von Macduff am Ende getötet.

⇨ S. 65 ff.

Lady Macbeth

→ Ehefrau von Macbeth,
→ unterstützt ihren Mann bei seinem unrechtmäßigen Tun.

Banquo ➪ S. 67 f.

→ hört zusammen mit Macbeth die Prophezeiung der Hexen,
→ bleibt charakterfest, aber passiv;
→ wird durch Intrige Macbeths ermordet.

König Duncan ➪ S. 68 f.

→ König von Schottland,
→ beim Volk beliebt und ehrenwert,
→ wir von Macbeth heimtückisch ermordet.

Malcolm ➪ S. 69 f.

→ Sohn König Duncans,
→ flieht nach Duncans Tod nach England,
→ kommt auf Drängen Macduffs zurück nach Schottland
→ und wird König.

Macduff ➪ S. 70 f.

→ ehrlich, loyal und unbestechlich;
→ verbündet sich mit Malcolm gegen Macbeth;
→ tötet Macbeth und nimmt Rache an seiner getöteten Familie.

3 Hexen und Hecate

→ prophezeien Macbeth und Banquo,
→ stehen für die Widernatürlichkeit des Schicksals;
→ treiben ihr Spiel mit Macbeth:
→ wiegen ihn durch zweideutige Weissagungen in Sicherheit.

Stil und Sprache Shakespeares:

➪ S. 89 ff.

Shakespeares Dramen sind in erster Linie **Sprachdramen**. Durch Sprache wird zum einen der Handlungsverlauf vermittelt (Dialog, Brief, Boten) und zum anderen werden Signale über die mentale

Verfassung der Figuren (Monolog, Regieanweisung: *aside*) sowie über Ort und Zeit des Geschehens gegeben. Der recht spärliche Nebentext gibt hauptsächlich über das Auf- und Abtreten der Figuren Auskunft, hin und wieder sind Ortsangaben zu finden. Merkmale der dramatischen Sprache Shakespeares ist die **Versform**, der **Blankvers**, die Verwendung der **„dramatic irony“** (Leitmotiv „Schein vs. Sein“) sowie die **Bildersprache** (komplexe Metaphorik und Verwendung von „extended metaphors“).

Interpretationsansätze:

⇨ S. 96 ff.

Für eine thematische Interpretation von *Macbeth* bietet sich die Deutung des Dramas unter folgenden Gesichtspunkten an:

→ Tragödienkonzeption
→ die Analyse der seelischen Mechanismen von Ehrgeiz und Machtgier als Handlungsmotivation
→ die tragische Zweideutigkeit, die *Macbeth* leitmotivisch kennzeichnet: „Schein und Sein“.

2. WILLIAM SHAKESPEARE: LEBEN UND WERK

2.1 Biografie

Cobbe-Portrait, zeigt vermutlich William Shakespeare (1564–1616) © ullstein bild – AISA

JAHR	ORT	EREIGNIS	ALTER
1564	Stratford-upon-Avon	Am 26. April wird William Shakespeare als ältestes von acht Kindern John und Mary Shakespeares geboren.	
1582		Heirat mit Anne Hathaway, Tochter eines bedeutenden Bauern aus der Nähe von Stratford.	18
1583		Geburt der ersten Tochter Susanna.	19
1585		Geburt der Zwillinge Hamnet und Judith.	21
1592	London	Shakespeare wird zum ersten Mal als Theatermann in London erwähnt. Robert Greene, Dramatiker und Gelegenheitsschriftsteller, greift in einer Schrift Schauspieler an, die sich an Dichter hängen und mit deren Texten ihre Erfolge erzielen würden. So insbesondere ein gewisser „Shake-scene", ein Emporkömmling, der sich mit fremden Federn schmücke, sich mit dem Herzen eines Tigers der Gestalt eines Schauspielers verstecke und meine, er könne Blankverse schreiben. Obwohl Shakespeares Name nur in dem Wortspiel Shake-scene genannt wird, weist u. a. das parodierte Zitat der Tigerherz-Stelle aus Shakespeares *Henry VI* (I, 4, l. 137) auf den Dramatiker hin. Bereits wenige Wochen später wird dieser Vorwurf jedoch durch den Verweis auf Shakespeares Künstlertum wieder zurückgenommen[1].	28

1 Suerbaum, Ulrich: *Shakespeares Dramen*. Tübingen und Basel: A. Francke Verlag 2001, S. 243.

JAHR	ORT	EREIGNIS	ALTER
1593/94		*Venus and Adonis* *The Rape of Lucrece*	29/30
1594	London	Ende 1594 gehört Shakespeare zu den namhaftesten Mitgliedern der *Lord Chamberlain's Men*, einer führenden Schauspielertruppe. Shakespeares künstlerische, finanzielle und gesellschaftliche Karriere beginnt.	30
1596		Tod des Sohnes Hamnet. Im Oktober verleiht das „Königliche Wappenamt" John Shakespeare, Gentleman, und seinen Kindern und Enkeln das Recht, ein vom Amt entworfenes Wappen zu führen.	31
1597	Stratford-upon-Avon	Kauf des Herrensitzes *New Place* in Stratford.	32
1598		Lob Shakespeares modernen Künstlertums in Francis Meres' *Palladis Tamia*.	33
1599	London	Teilhaberschaft an dem neu errichteten „Globe Theatre"	34
1601		Tod des Vaters John Shakespeare.	36
1603	London	Shakespeares Theatertruppe *The Lord Chamberlain's Men* wird zur königlichen Truppe James' I (*The King's Men*).	38
1609	London	Aufführungen der *King's Men* im Blackfriars-Theater.	44
1616	Stratford-upon-Avon	Tod William Shakespeares am 23. April (drei Tage vor seinem 52. Geburtstag). Beisetzung am 25. April in der *Holy Trinity Church*, Stratford[2].	51

---

2 Abrams, M. H., Greenblatt, Stephen (Hrsg.): *The Norton Anthology of English Literature*. Seventh Edition, Volume 1. New York, London: W. W. Norton & Company 2000, S. 1026f.

2.2 Zeitgeschichtlicher Hintergrund

ZUSAMMENFASSUNG

William Shakespeare (1564–1616) hatte seine produktivste Phase während des Elisabethanischen Zeitalters, jener Epoche der Regierungszeit Elisabeths I. von England (1558–1603) bis hinein in die Ära der Stuarts. Das Elisabethanische Zeitalter gilt als eine der bedeutendsten literarhistorischen Epochen am Beginn der Neuzeit, die bis zur Moderne die englische sowie die europäische Literatur in allen Gattungen, insbesondere im Drama, beeinflusste. Der geistige Horizont der Shakespearezeit ist gekennzeichnet von allgemeinen elisabethanischen Vorstellungen vom Aufbau der Welt, von bestimmten Seinsprinzipien und das Sein beeinflussenden Faktoren (z. B. „the wheel of fortune") im Übergang von mittelalterlichen und neuzeitlichen Vorstellungen. Die Welt wird von der Korrespondenz ihrer Teile her erfasst, einzelne Phänomene werden durch den Blick auf ihre Parallelen und Relationen zu anderen, analogen Phänomen erörtert.

Tudor-Ära und Elisabethanisches Zeitalter

Fortführung der Reformation durch Elisabeth I.

Am 17. November 1558 trat Elisabeth I., Tochter von Henry VIII. und Anne Boleyn, die Nachfolge ihrer Halbschwester an, der mit Philipp II. von Spanien verheirateten Mary I. von England (1553–1558). Die im Gegensatz zu Elisabeth I. streng katholische Mary I. hatte versucht, durch Verfolgung der Protestanten in den fünfziger Jahren des 16. Jahrhunderts den von Henry VIII. durch die anglikanische Kirche ersetzten Katholizismus wieder einzuführen („Bloody Mary"). Als neue Königin von England führte Elisabeth I. die Reformation in der Form der anglikanischen Kirche fort, ließ im Jahr

TUDOR-ÄRA (1485–1603)

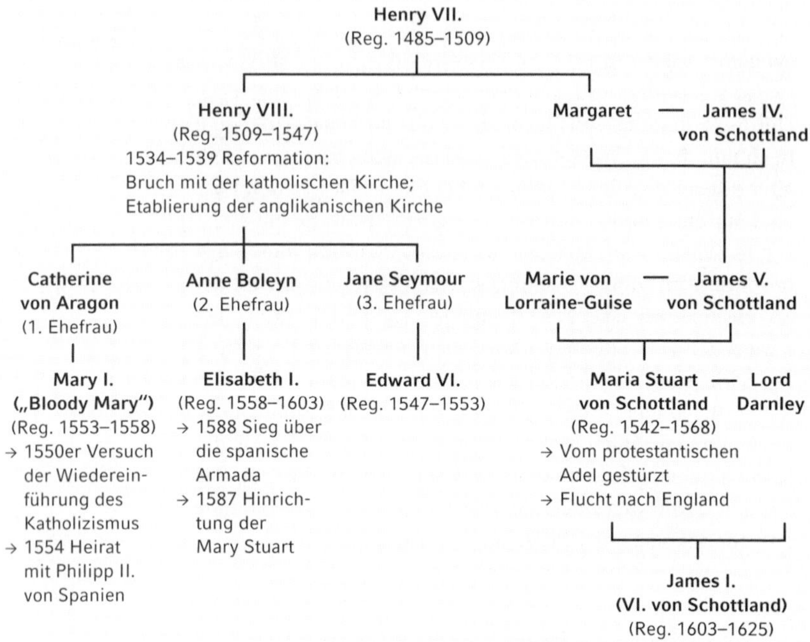

1587 nach langem Zögern ihre katholische Nebenbuhlerin Maria Stuart hinrichten und erzielte mit der Vernichtung der spanischen Kriegsflotte im Jahre 1588 einen bedeutenden Sieg im Krieg gegen Spanien. Elisabeth I. war die letzte Königin der Tudors. Ihr Nachfolger wurde auf die Empfehlung ihres eng vertrauten politischen Ratgebers Sir William Cecil (1520–1598) hin James VI. von Schottland, der Sohn von Maria Stuart und Lord Darnley. Als James I. von

England (Reg. 1603–1625) leitete dieser nach Elisabeths I. Tod am 24. März 1603 die Stuart-Ära ein.

Opposition von konträren Weltanschauungen und Normsystemen

Das Elisabethanische Zeitalter war als Epoche des Übergangs zwischen Mittelalter und Moderne durch die Opposition von konträren Weltanschauungen und Normsystemen geprägt. In einer Zeitspanne von mehr oder weniger dreißig Jahren wechselte England offiziell vom römischen Katholizismus zum Protestantismus, wieder zum Katholizismus und schließlich zurück zum Protestantismus. Jeder dieser Wechsel brachte sowohl Verfolgungen und Tod mit sich als auch eine innere Zerrissenheit. Auf der anderen Seite ermöglichten politische und wirtschaftliche Stabilität sowie allgemeiner Wohlstand eine breite kulturelle Entfaltung beim Adel, in Humanistenkreisen und insbesondere im Bürgertum.

Sowohl nationaler als auch internationaler Markt und Handel erlebten eine Blütezeit und in ganz England stiegen die Populationszahlen der einzelnen Städte. Mit einer Einwohnerzahl von 60.000 im Jahre 1520, von 120.000 im Jahre 1550 und ein Jahrzehnt später sogar von 375.000 war London sowohl die größte als auch die schnellst wachsende Stadt in Europa[3]. In der ersten Hälfte des 17. Jahrhunderts migrierten aus anderen Teilen Englands jährlich etwa 10.000 Menschen nach London[4]. Durch die von der protestantischen Kirche geforderte Beschäftigung mit der Bibel wurde es außerdem leichter, in den Besitz von Büchern zu gelangen, sodass innerhalb der Bevölkerung ein Aufschwung an Bildung ermöglicht wurde.

———

3 Vgl. Ackroyd, Peter: *London, The Biography*. London: Vintage, 2001, S. 102.

4 Abrams, M. H., Greenblatt, Stephen (Hrsg.): *The Norton Anthology of English Literature*. Seventh Edition, Volume 1. New York, London: W. W. Norton & Company 2000, S. 471.

Theater- und Kulturszene

Etablierung des Theaters im Bürgertum

Während an den Höfen prunkvolle theatermusikalische Aufführungen und kulturelle Ereignisse aller Art florierten, pflegte man an Schulen und in Universitäten klassische und moderne französische oder italienische Autoren zu übersetzen und zu imitieren. Für die Etablierung des Theaters im Bürgertum waren bestimmte gesellschaftspolitische Ereignisse bedeutsam. Hierzu zählen die Konsolidierung eines sozial anerkannten berufsmäßigen Schauspielerstandes (1572), die Errichtung fester (privater) Theaterbauten neben den Wanderbühnen, die Herausbildung eines alle Schichten umfassenden ständigen kritischen Publikums und damit zusammenhängend die Notwendigkeit publikumsbezogener Theaterpraxis und publikumswirksamer Dramen.

Theater waren ein bedeutsamer Bestandteil städtischen Lebens in London, nicht zuletzt deshalb, weil im Publikum von Lehrlingen und Tagelöhnern bis zu Angehörigen des Hochadels alle Stände vertreten waren. Die ersten Theaterbauten waren das im Jahr 1576 von James Burbage erbaute „Theatre“ und das im folgenden Jahr erbaute „The Curtain“. Neben diesen und anderen nordöstlich gelegenen Theatern existierte jedoch im Süden, in Southwark, eine geschlossene Gruppe Theatergebäude inmitten eines Vergnügungsviertels, zwischen den Attraktionen des Hahnenkampfes, der Bärenhatz oder der Dirnen. In Abständen von etwa hundert Metern befanden sich an diesem Ufergebiet, der Bankside, „The Rose“ (1587), „The Swan“ (1595), das Theater der Shakespeare-Truppe „The Globe“ (1599) und „The Hope“ (1613). Die meisten dieser Theater wurden während der Wirkungszeit Shakespeares (ca. 1590–1612) errichtet, doch auch andere berühmte Künstler, wie etwa Christopher Marlowe, trugen mit bedeutenden Werken ihren Teil zu dieser kulturellen Blütezeit bei.

„The Globe“ – das Theater der Shakespeare-Gruppe

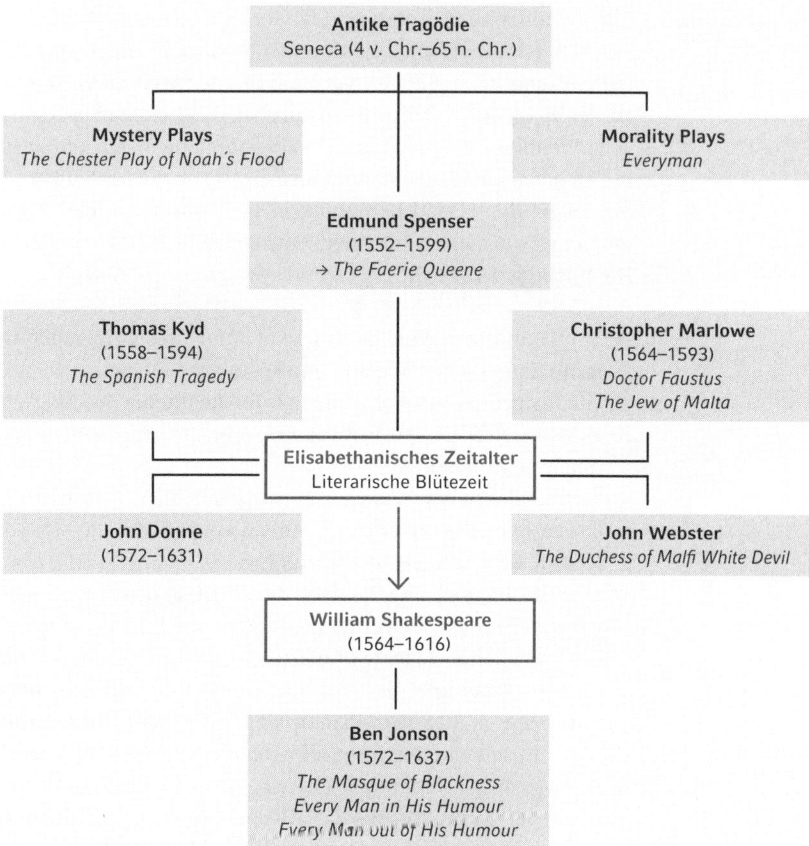
Antike Tragödie
Seneca (4 v. Chr.–65 n. Chr.)
Mystery Plays
The Chester Play of Noah's Flood
Morality Plays
Everyman
Edmund Spenser
(1552–1599)
→ The Faerie Queene
Thomas Kyd
(1558–1594)
The Spanish Tragedy
Christopher Marlowe
(1564–1593)
Doctor Faustus
The Jew of Malta
Elisabethanisches Zeitalter
Literarische Blütezeit
John Donne
(1572–1631)
John Webster
The Duchess of Malfi White Devil
William Shakespeare
(1564–1616)
Ben Jonson
(1572–1637)
The Masque of Blackness
Every Man in His Humour
Every Man out of His Humour

Das Elisabethanische Weltbild

Elisabethanische Übergangsepoche: Mittelalter und Neuzeit

Für ein umfassendes Verständnis der dramatischen Aussage des *Macbeth* ist es notwendig, sich einen Einblick in allgemeine Elisabethanische Vorstellungen vom Aufbau der Welt zu verschaffen. Dieses von E. M. W. Tillyard[5] ausführlich dargestellte Elisabethanische Weltbild ermöglicht dem Rezipienten einen solchen Einstieg in den geistigen Horizont der Shakespearezeit. Es verdeutlicht insbesondere den diese Übergangsepoche kennzeichnenden Zusammenhang von mittelalterlichen und neuzeitlichen Vorstellungen. Die folgende Übersicht erläutert die wichtigsten Prinzipien.

→ Verständnis der **Welt** als „frame of order", **als universelle Ordnung**, in der jedes irdische und kosmische Element seinen ihm von Gott zugewiesenen Platz hat. Ein Leitthema des *Macbeth* ist beispielsweise der Fall des Protagonisten von seinem Platz in der geordneten Welt.

→ **Gott** ist der Schöpfer dieser universellen, hierarchischen Ordnung und befindet sich somit an erster Stelle, gefolgt vom **König**, seinem Stellvertreter auf Erden.

→ Gott erschuf das Seiende nach dem **Prinzip des** *degree*, der Rangabstufung. Zur Verdeutlichung dieses Prinzips dienten die Stufenleiter- (**„scale of degree"**) sowie die Kettenmetapher (**„chain of being"**). Das einzelne von Gott Erschaffene, Stein oder Mensch, hat, dem **Prinzip der Unter- und Überordnung** gerecht, seinen unverwechselbaren Platz im System.

→ Der Mensch repräsentiert alle Aspekte des Kosmos und stellt daher den **Mikrokosmos** dar. Ab dem Mond beginnt der in sich gegliederte **Makrokosmos**, die nicht mehr erfassbare Welt.

---

5 Tillyard, E. M. W.: *The Elizabethan World Picture*. New York: Vintage Books 1943. Vgl. auch Suerbaum, S. 83–106.

- → Dem **Prinzip der** *correspondences* entsprechend gestaltet sich die Ordnung auch als ein **System von Analogien**. Solche analogen Systeme sind beispielsweise der Körper mit seinen Organen, widergespiegelt in der Familie und analog existierend im Staat als politischem Körper („body politic"). Es existieren Korrespondenzen zwischen allen Seinsbereichen, doch hauptsächlich zwischen dem Makrokosmos und dem Menschen. Planet und Konstellation der Geburt prägen Charakter und Konstitution, jedes Ereignis des Universums kann sich in einem anderen spiegeln. **Die Welt wird von der Korrespondenz ihrer Teile her erfasst**, einzelne Phänomene werden durch den Blick auf ihre Parallelen und Relationen zu anderen, analogen Phänomenen erörtert.
- → Zentral ist die aus dem Mittelalter übernommene Vorstellung des Glücksrades („**wheel of fortune**"), das nie stehen bleibt, sondern immer dem Wechsel unterworfen ist.

2.3 Angaben und Erläuterungen zu wesentlichen Werken

In der Literaturforschung wird über Shakespeares Werke und die Frage, ob Shakespeares tatsächlich der Autor einzelner Stücke ist, bis heute zum Teil kontrovers diskutiert. Eine der beliebtesten Komödien von William Shakespeare ist *Much Ado About Nothing*. Zu seinen klassischen Tragödien zählen neben *Macbeth* unter anderem *Hamlet*, *Othello*, *King Lear* und die bekannte Liebestragödie *Romeo and Juliet*. Die dramatischen Konflikte der Tragödien sind im weitesten Sinn Wertekonflikte des Individuums, wobei die Protagonisten in einen Konflikt mit dem Wertesystem ihrer Zeit geraten. Ursache dafür ist zumeist eine entfesselte Leidenschaft („affection"), der die Figur aufgrund einer Vernachlässigung der „ratio" („reason") nicht mehr Herr wird – sei es z. B. der Ehrgeiz („ambition") in *Macbeth*, die Eifersucht („jealousy") in *Othello* oder auch die Melancholie („melancholy") in *Hamlet*. Um den Wertekonflikt herum entfaltet sich zumeist ein dicht gewebtes Intrigennetz, das zwangsläufig – neben dem eigens verschuldeten „Makel" des Protagonisten – zu dessen Fall führt.

Wertekonflikte des Individuums

ENTSTEHUNGS-ZEITRAUM	DRAMEN UND GEDICHTE	DEUTSCHER TITEL
1589–1595	*The Two Gentlemen of Verona*	*Zwei Herren aus Verona*
	The Taming of the Shrew	*Der Widerspenstigen Zähmung*
	First, Second and Third Parts of King Henry VI	*König Heinrich der VI. (Teil 1, 2 und 3)*
	Titus Andronicus	*Titus Andronicus*
	King Richard III	*König Richard III.*
	The Comedy of Errors	*Die Komödie der Irrungen*

ENTSTEHUNGS-ZEITRAUM	DRAMEN UND GEDICHTE	DEUTSCHER TITEL
	Love's Labour's Lost	*Verlorene Liebesmüh* oder auch *Liebes Leid und Lust*
	A Midsummer Night's Dream	*Ein Sommernachtstraum*
	Romeo and Juliet	*Romeo und Julia*
	King Richard II	*König Richard II.*
	Venus and Adonis (Gedicht)	*Venus und Adonis*
	The Rape of Lucrece (Gedicht)	*Lucretia*
1596–1599	*King John*	*König Johann*
	The Merchant of Venice	*Der Kaufmann von Venedig*
	First and Second Parts of King Henry IV	*König Heinrich IV. (1. und 2. Teil)*
	The Merry Wives of Windsor	*Die lustigen Weiber von Windsor*
	Much Ado about Nothing	*Viel Lärm um nichts*
	King Henry V	*König Heinrich V.*
	Julius Caesar	*Julius Cäsar*
	Sonnets	Sonette
1600–1605	*As you like it*	*Wie es euch gefällt*
	Hamlet	***Hamlet***
	Twelfth Night	*Was ihr wollt*
	Troilus and Cressida	*Troilus und Cressida*
	Measure for Measure	*Maß für Maß*
	Othello	***Othello***
	All's Well That Ends Well	*Ende gut, alles gut*
	Timon of Athens	*Timon von Athen*
	King Lear	***König Lear***

ENTSTEHUNGS-ZEITRAUM	DRAMEN UND GEDICHTE	DEUTSCHER TITEL
1606–1611	***Macbeth***	***Macbeth***
	Antony and Cleopatra	*Antonius und Kleopatra*
	Pericles	*Perikles*
	Coriolanus	*Coriolanus*
	The Winter's Tale	*Ein Wintermärchen*
	Cymbeline	*Cymbeline*
	The Tempest	*Der Sturm*
1613	*King Henry VIII*	*König Heinrich VIII.*
	The Two Noble Kinsmen	*Die beiden edlen Vettern*

3. TEXTANALYSE UND -INTERPRETATION

3.1 Entstehung und Quellen

ZUSAMMENFASSUNG

1605/1606	*Macbeth* entsteht unter der Regentschaft James I. von England.
1611	Erste bezeugte **Aufführung** im „Globe Theatre", London.
1623	Erste **Drucklegung** des Macbeth in der **Folio**-Ausgabe zwischen den Tragödien *Julius Cäsar* und *Hamlet*.

Angenommene Entstehungszeit

Macbeth ist die kürzeste der vier großen Tragödien (*Hamlet*, *Othello*, *King Lear*) Shakespeares. In der Literaturkritik ist oft vermutet worden, dass der Text gekürzt worden ist, unvollständige Textstellen sprechen dafür. Obwohl sich die erste Drucklegung von Shakespeares *Macbeth* in der Folio-Ausgabe aus dem Jahre 1623 zwischen *Julius Cäsar* und *Hamlet* mit dem Titel *The Tragedie of Macbeth* befindet, fand die erste bezeugte Aufführung des Dramas bereits im Jahre 1611 im „Globe Theatre" statt. Eine genaue Datierung der Entstehungszeit des *Macbeth* gibt es nicht, es wird jedoch aufgrund häufiger Anspielungen innerhalb des Dramas selbst und in anderen zeitgenössischen Dramen eine Entstehungszeit unter der Regentschaft James I. zwischen 1605 und 1606 angenommen.[6]

James I., zuvor James VI. von Schottland, bestieg den Thron nach dem Tod Elisabeth I. im Jahre 1603. Der neue König von England war

---

6 Bullough, Geoffrey (Hrsg.): *Narrative and Dramatic Sources of Shakespeare. Volume VII, Major Tragedies: Hamlet, Othello, King Lear, Macbeth*. London: Routledge and Kegan Paul 1973, S. 123f.

interessiert an dem Bereich des Hexenwesens, worüber er sogar im Jahre 1597 ein Buch mit dem Titel *Daemonologie* veröffentlicht hatte. Dieses mag das Verfassen der Hexenszenen im *Macbeth* beeinflusst haben. Darüber hinaus beschäftigte sich James I. ausführlich mit der schottischen Geschichte und konnte seine Ahnenschaft bis ins 11. Jahrhundert zurückführen, also bis in die Zeit, in der das Drama spielt.[7]

Historische Ereignisse aus dem 11. Jhd. als Dramen-Vorlage

Shakespeare griff mit seiner Wahl des *Macbeth*-Stoffes historische Ereignisse des 11. Jahrhunderts in Schottland auf. Die Geschichte von Macbeth und seinem Mord an König Duncan geht auf die Zeit zurück, in der Schottland zum großen Teil vereinigt worden war und sich Nationalitätsbewusstsein sowie monarchische Vorstellungen zu entwickeln begannen. Während der Regentschaft Kenneths II. von Schottland waren die Mitglieder des Macbeth-Clans die „overlords" in Moray (siehe Karte von Schottland, S. 26). Nach dem Tod Kenneths III. im Jahre 1005 bestieg Malcolm II. den Thron und bewies seine Fähigkeiten durch den Sieg gegen eine Allianz von Engländern und Dänen im Jahre 1018 und die daran anschließende Einnahme der „Lowlands". Im Jahre 1031 musste Malcolm II. jedoch seine Vormachtstellung an König Cnut abtreten. Malcolm II. hatte keinen Sohn, jedoch zwei Töchter, von denen die eine Crinan, den Lord von Dunkeld, heiratete und Duncan gebar. Nach dem Tod Malcolms II. im Jahre 1034 wurde der junge Duncan König, doch seine Regentschaft (1034–1040) war von militärischen Niederlagen gekennzeichnet und daher nicht sehr rühmlich. Im Jahre 1040 wurde Duncan von Macbeth und anderen Adligen in Bothgouanan nahe Elgin ermordet. Kurz danach wurde Macbeth König und regierte erfolgreich über einen Zeitraum von siebzehn Jahren (1040–1057).

1040 Duncan wird nahe Elgin ermordet

---

7 Vgl. Cahn, Victor L.: *Shakespeare, The Playwright. A Companion to the Complete Tragedies, Histories, Comedies, and Romances*. New York, London: Greenwood Press 1991, S. 179.

Nach der Ermordung ihres Vaters befanden sich Duncans Söhne Malcolm Canmore und Donald Bane in Schottland. Malcolm wandte sich später an Duncans Schwager Siward von Northumberland, der im Jahre 1054 in Schottland einmarschierte. Nach Siwards Tod (1055) kämpfte Malcolm weiter und tötete Macbeth in Lumphanan im Jahre 1057.[8]

Shakespeares Hauptquelle: Raphael Holinshed

Obwohl Shakespeare auf viel Material über die schottische Geschichte zurückgreifen konnte, wie beispielsweise auf Andrew Wyntouns Reimchronik *The orygynal Chronykil of Scotland* (1406), George Buchanans *Rerum Scoticarum Historia* (1582) oder John Leslies *De Origine Scotorum* (1578), ist die Hauptquelle für seinen *Macbeth*, wie auch für seine Historien und teilweise den *King Lear*, Raphael Holinsheds *Chronicles of England, Scotlande, and Ireland* aus dem Jahre 1577. In seiner Adaption hat Shakespeare jedoch Veränderungen vorgenommen. Bei Holinshed hegt Macbeth legitimen Groll gegen einen jungen und politisch inkompetenten Duncan, während bei Shakespeare Macbeths Motiv für den Mord eines alten und erfahrenen Duncans ein rein persönliches ist. Bei Holinshed ist Banquo ein Komplize des Mörders, bei Shakespeare ein ehrenhafter Heeresführer. Während Holinshed die Regierungszeit des Königs Macbeth über zehn erfolgreiche Jahre hinweg beschreibt, gestaltet Shakespeare eine äußerst kurze und grausame tyrannische Diktatur und betont somit bewusst psychologische und moralische Implikationen.

---

8 Vgl. Bullough (Hrsg.), S. 431–433.

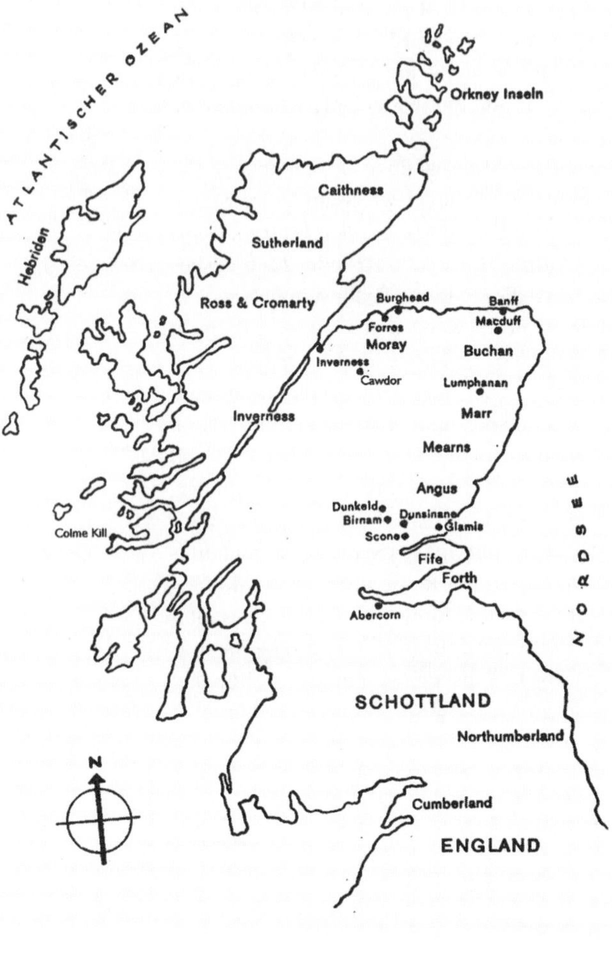

Karte von Schottland im 11. Jahrhundert

3.2 Inhaltsangabe

ZUSAMMENFASSUNG

Nach einer erfolgreichen Schlacht wird dem tapferen und ehrenhaften Macbeth im Beisein Banquos von drei teuflischen Hexen in doppeldeutigen Anspielungen die Aussicht auf das Erlangen der Königswürde prophezeit. Macbeths besonderer Ehrgeiz ist angefacht und mit der tatkräftigen Unterstützung seiner Gemahlin Lady Macbeth überwindet er seine anfänglichen Skrupel und ermordet den vom Volk geliebten und ehrenwerten König Duncan, während dieser den Macbeths als Besucher und Vetter auf deren Schloss Inverness seine Ehre erweist. Der Königsmord verhilft ihm zur vermeintlichen Erfüllung der Prophezeiung: er wird König. Um diese Position zu halten, regiert er despotisch und lässt vermeintliche Widersacher ermorden. Er isoliert sich, wird von zwanghaften Wahnvorstellungen heimgesucht und begeht schauderhafte Verzweiflungstaten zur Machterhaltung. Duncans nach England geflüchteter Sohn Malcolm durchschaut auf Initiative des ehrenwerten Macduff die Intrige Macbeths und stürzt ihn in der finalen Schlacht um Dunsinane. Macbeth stirbt im Zweikampf durch Macduff, dessen Familie er zuvor brutal hat ermorden lassen.

Wider besseren Wissens begeht Macbeth den Königsmord an Duncan und somit Verrat an seiner eigenen menschlichen Natur und am von Gott eingesetzten König und der göttlichen Ordnung. Er kann seinen übermäßigen Ehrgeiz nicht zügeln und stürzt in eben diesem Bewusstsein ins Verderben, was ihn zu einem der berühmten tragischen Helden Shakespeares macht.

Der Inhalt der einzelnen Szenen in Stichworten:

I, 1: Die Hexen leiten die Umkehr von Gut und Böse ein.
I, 2: Macbeth erhält den Titel des Verräters Cawdor.
I, 3: Prophezeiungen der Hexen und erste Erfüllung.
I, 4: Macbeths Mordplan festigt sich.
I, 5: Lady Macbeth übernimmt die Mordplanung.
I, 6: Duncans Ankunft in Inverness.
I, 7: Mordbeschluss.
II, 1: Dolchvision, Mordsignal.
II, 2: Macbeth begeht den Königsmord.
II, 3: Pförtnerszene, Entdeckung des Mordes durch Macduff.
II, 4: Auswirkungen des Königsmordes.
III, 1: Macbeth plant den Mord an Banquo und Fleance.
III, 2: Beginnende Isolation.
III, 3: Mord an Banquo, Flucht Fleances.
III, 4: Bankettszene, Geist Banquos.
III, 5: Hexenszene.
III, 6: Verdacht Macduffs, erste Umsturzpläne.
IV, 1: Zweideutige Erscheinungen.
IV, 2: Mord an der Familie Macduffs.
IV, 3: Widerstandspläne Malcolms und Macduffs.
V, 1: Schlafwandelszene, Lady Macbeth enthüllt ihre Schuld.
V, 2: Angriff auf Dunsinane.
V, 3: Macbeths Vorbereitung auf den Kampf.
V, 4: Tarnung der widerständischen Truppen durch Äste.
V, 5: Tod Lady Macbeths.
V, 6: Angriff ohne Tarnung.
V, 7: Eroberung der Burg durch Malcolms Truppen.
V, 8: Tod Macbeths durch Macduff.
V, 9: Wiederherstellung der natürlichen Ordnung.

Akt I

Nach der erfolgreichen Schlacht gegen Rebellen und den verräterischen Than von Cawdor ziehen drei teuflische Hexen den tapferen und ehrgeizigen Königsvetter Macbeth und seinen rechtschaffenen Kameraden Banquo in ihren Bann. Sie verkünden eine mysteriöse, doppeldeutige Prophezeiung, indem sie Macbeth u. a. als Than von Cawdor und späteren König begrüßen und Banquos Söhne als Könige in spe verkünden. Während sich Banquo nicht weiter beeinflussen lässt, ist Macbeths Ehrgeiz geweckt. Als König Duncan ihm dann in der Tat zur Belohnung für Sieg und Tapferkeit den Cawdor-Titel verleiht, sieht er die Prophezeiung erfüllt und beginnt – trotz Gewissensbisse und im vollen Bewusstsein der Unnatürlichkeit und Frevelhaftigkeit – Mordgedanken zu hegen. Unterstützt von seiner Gattin Lady Macbeth, die seine menschlichen Skrupel zu verdrängen schafft und kurzeitig die Umsetzung des Mords in die Hand nimmt, wird der geplante Besuch Duncans auf Inverness zu einer vermeintlich schicksalhaften, „willkommenen" Gelegenheit für den Königsmord.

Akt I, Szene 1

Während eines Unwetters treffen sich drei Hexen in einer offenen Gegend. Sie planen, auf einer Heide mit Macbeth zusammenzutreffen, sobald die Schlacht vorüber ist. In rätselhaften Reimen deuten die Hexen ihren teuflischen Einfluss auf das folgende Geschehen an und leiten die Umkehr von Gut und Böse ein:

Hexen leiten Umkehr von Gut und Böse ein

Stichwörter/wichtige Textstellen: Leitmotiv für das Thema der Umkehr aller Werte: „Fair is foul, and foul is fair: ..." (I, 1, l. 11)[9]

---

9 Alle Textverweise in diesem Band folgen dem Muster: act, scene, line.

Akt I, Szene 2

Macbeth ist siegreich und erhält von Duncan den Titel Thane of Cawdor

In einem Feldlager trifft König Duncan zusammen mit seinen Söhnen Malcolm und Donalbain auf einen verwundeten Hauptmann, der gerade von der Schlacht zwischen den von Macbeth angeführten schottischen Streitkräften und den rebellischen Verbündeten des Verräters Macdonwald zurückgekehrt ist. Der Hauptmann berichtet, dass die rebellischen Truppen zunächst das Glück auf ihrer Seite gehabt hätten, dann jedoch Duncans Vetter Macbeth und Banquo mit höchstem Mut und äußerster Tapferkeit Macdonwald getötet und die rebellischen Truppen besiegt hätten. Kurz darauf hätte jedoch der mit dem verräterischen Than von Cawdor verbündete König von Norwegen neue Truppen angreifen lassen, doch Macbeth und Banquo seien dadurch keinesfalls eingeschüchtert worden. Während der blutende Hauptmann weggeleitet wird, treten Rosse und Angus auf. Sie berichten weiter, dass Duncans Armee durch den Kampfgeist Macbeths die Schlacht gewonnen habe. Duncan verkündet, dass der verräterische Than von Cawdor hingerichtet wird und Macbeth dessen Titel erhalten soll.

Stichwörter/wichtige Textstellen: Dramatische Ironie Duncans: „No more that Thane of Cawdor shall deceive / Our bosom interest. – Go pronounce his present death, / And with his former title greet Macbeth.“ (I, 2, ll. 65–67)

Akt I, Szene 3

Wie geplant treffen die drei Hexen auf einer Heide erneut zusammen. Wieder begleitet vom Sturm berichten sie einander von ihren bösartigen Taten und sprechen einen unheimlichen Zauberspruch, während sie sich auf ihr Treffen mit Macbeth vorbereiten.

Macbeth und Banquo treten auf. Beide sind schockiert über die Erscheinung der Hexen, die Macbeth als Than von Glamis, Than von Cawdor und späteren König begrüßen. Während Macbeth we-

Macbeth und Banquo treffen auf die 3 Hexen. Holzschnitt aus Raphael Holinsheds Chronik, 1577. © ullstein bild – TopFoto

gen der Prophezeiungen verblüfft zusammenfährt, fordert Banquo die Hexen auf, in seine Zukunft zu schauen. Daraufhin prophezeien die Hexen Banquo, dass zwar nicht er selbst, jedoch seine Söhne Könige werden würden. Macbeth sammelt seine Gedanken, verlangt genauere Auskünfte und befiehlt den Hexen zu bleiben, doch diese verschwinden. Macbeth und Banquo halten sich die Prophezeiungen der Hexen erneut vor Augen, beide wissen noch nichts mit den Ankündigungen anzufangen.

Prophezeiung der Hexen

Prophezeiung tritt ein: Macbeth soll Than von Cawdor werden

Rosse und Angus treten auf und berichten, dass der gegenwärtige Than von Cawdor hingerichtet werden soll und dass Macbeth zum Zeichen seiner Anerkennung durch den König dessen Titel erhalten werde. Macbeth und Banquo sind fassungslos, die Prophezeiungen der teuflischen Hexen scheinen wahr zu werden. Von

Ehrgeiz und Übermut geleitet denkt Macbeth sofort an die letzte Prophezeiung, die Königswürde. Im Gegensatz zu Macbeth zweifelt Banquo an der Glaubwürdigkeit der finsteren Mächte und warnt vor ihren Gefahren. Macbeth ist überzeugt davon, dass „This supernatural soliciting“ nicht „böse“ sein könne, da er bereits teilweise wahr geworden sei. Gleichzeitig erschrickt er vor seiner Phantasie, in der er kurz nach Erlangen des Titels Than von Cawdor an den Mord des Königs denkt. Kurz entschlossen verdrängt er seine Mordgedanken und stimmt zu, zum König zu reiten. Banquo fordert er auf, über die Vorfälle nachzudenken und beide beschließen, zu einem richtigen Zeitpunkt erneut darüber zu sprechen.

Macbeth vs. Banquo

Stichwörter/wichtige Textstellen: Macbeths erste Worte wiederholen die Worte der Hexen: „So foul and fair a day I have not seen.“ (I, 3, l. 38); Banquo (vs. Macbeth) erkennt den teuflischen Einfluss der Hexen und warnt Macbeth.

Akt I, Szene 4

Im Königsschloss von Forres fragt König Duncan seinen Sohn Malcolm, ob der Than von Cawdor bereits hingerichtet worden sei. Er erfährt, dass der Than von Cawdor seinen Verrat gestanden hätte und einen ehrenhaften Tod gestorben sei. Duncan erkennt, wie sehr der Schein täuschen könne, da er dem Than von Cawdor absolut vertraut habe, als Macbeth und Banquo auftreten. Voll Euphorie dankt der König Macbeth für seine Verdienste in der Schlacht gegen die Rebellen, worauf Macbeth ihm erklärt, dass seine Dienste nichts als seine Pflicht gegenüber dem König seien.

Duncan dankt Macbeth; dieser gibt sich loyal

Macbeth denkt an Mord

Nach den Dankeskundgebungen erklärt Duncan, dass sein ältester Sohn Malcolm den Thron erbe und von nun an auch Prinz von Cumberland sei. Außerdem teilt Duncan mit, dass er Macbeth in seinem Schloss in Inverness besuchen werde. Macbeth nimmt sofort Abschied von dem König, um vor diesem in Inverness sein zu können und den ehrenhaften Besuch vorzubereiten. Während er den äußeren Schein wahrt, erfährt man jedoch, dass Duncans Kundgebung von Malcolms Nachfolge ein erhebliches Hindernis für seine Pläne darstellt. Voll Ehrgeiz beginnt er über verräterische Mordpläne nachzudenken, um die letzte Prophezeiung der Hexen wahr werden zu lassen. Während seiner Abwesenheit preist Duncan seinen ehren- und heldenhaften Vetter Macbeth, ohne etwas von dessen düsterem Vorhaben zu ahnen.

Stichwörter/wichtige Textstellen: Kontrastive Bildebene: Duncan, Banquo (Offenheit, Ehrlichkeit) vs. Macbeth (Falschheit, Täuschung). Für Duncan scheinen die Sterne (I, 4, l. 41), während sie für Macbeth ihr Feuer verbergen sollen: „Stars, hide your fires!“ (I, 4, l. 50).

Akt I, Szene 5

In Macbeths Schloss in Inverness liest Lady Macbeth einen Brief ihres Gatten, in welchem er ihr von seinem Treffen mit den Hexen, den bereits erfüllten Prophezeiungen und seinen Hoffnungen auf den Königstitel berichtet. Nachdem sie den Brief zu Ende gelesen hat, beginnt Lady Macbeth, die menschliche Natur Macbeths zu fürchten, die seinem Ehrgeiz im Weg stehen würde. Von den königlichen Aussichten fasziniert, beschließt sie, ihrem Gatten ihre Skrupellosigkeit zu übertragen und ihn bei seinen mörderischen Plänen zu unterstützen.

Lady Macbeth unterstützt ihren Mann bei seinen Mordplänen

Zu ihrer Freude trifft ein Bote ein mit der Nachricht, dass der König am selben Abend Inverness zu besuchen beabsichtige. Sofort ist sie sicher, dass der König das Schloss nicht lebend verlassen werde. Um ihren Entschluss zu festigen und jegliche Anzeichen von menschlicher Schwäche und Mitleid auszulöschen, beschwört Lady Macbeth dämonische Kräfte: „Come, you Spirits / That tend on mortal thoughts, unsex me here, / And fill me, from the crown to the toe, top-full / Of direst cruelty!“ (I, 5, ll. 38–41) Macbeth tritt auf und seine Gattin beginnt sofort, die grausamen Pläne in die Tat umzusetzen. Beide sind sich einig und Lady Macbeth gibt ihrem Gatten letzte Anweisungen, sodass der Mord erfolgreich durchgeführt werden kann.

Stichwörter/wichtige Textstellen: Intimes, vertrautes Verhältnis zwischen Lady Macbeth und Macbeth. Lady Macbeths „Entmenschlichung“ (vgl. auch Banquos Schilderung der Hexen in I, 3, ll. 39–47). Lady Macbeth leitet Macbeth: „Leave all the rest to me.“ (I, 5, l. 71)

Akt I, Szene 6

Duncans Ankunft in Inverness

König Duncan erreicht mit seinem Gefolge Macbeths Schloss. Duncan und Banquo stimmen einander zu, dass die Burg eine angenehme Lage habe und von einer friedlichen Atmosphäre umgeben sei.

Lady Macbeth erscheint und begrüßt Duncan, indem sie ihm überschwänglich ihrer treuen Dienste versichert. Duncan nimmt ihre Hand und wünscht, zu dem Hausherrn geführt zu werden, um ihm weiter seine Gunst beweisen zu können.

Stichwörter/wichtige Textstellen: Leitmotiv: „Schein vs. Sein“; dramatische Ironie.

Akt I, Szene 7

Während Macbeths Diener das Gastmahl für den König bereiten, wägt Macbeth in einem Selbstgespräch die Vorteile und die Gefahren des Mordes an Duncan ab. Macbeth weiß, dass der Mord an dem König, an seinem eigenen Vetter und Gast, eine Todsünde ist, die ihn im Anschluss an die Tat plagen würde. Er ist sich bewusst, dass Duncan ein guter König ist und dass der Himmel selbst gegen den Mord rebellieren würde.

Macbeth zögert – Lady Macbeth verhöhnt ihn

Als er erkennt, dass er diese Vorhaben lediglich mit seinem hochschnellenden Ehrgeiz rechtfertigen kann, tritt Lady Macbeth auf. Macbeth teilt ihr mit, dass er den Plan nicht ausführen wolle, da er sich mit seinen bereits erhaltenen Ehren zufrieden gibt.

Lady Macbeth ist entrüstet und verhöhnt ihren Gatten als Feigling. Sie schmäht und verspottet Macbeth, indem sie seine Liebe mit seiner Wankelmütigkeit gleichsetzt. Macbeth wehrt ihre Vorwürfe zunächst ab, doch die eindringlichen Beschwörungen seiner Gattin und ihre feste Entschlossenheit setzen sich durch. Lady Macbeth legt ihm den genauen Mordplan dar und Macbeth ist entschlossen, die Welt zu täuschen und den Mord zu begehen.

Stichwörter/wichtige Textstellen: Macbeth zeigt die menschliche Schwäche, die Lady Macbeth zuvor gefürchtet hat (I, 7, ll. 1–28). Macbeth führt die Pläne seiner Gattin aus: „Away, and mock the time with fairest show: / False face must hide what the false heart doth know.“ (I, 7, ll. 82–83)

Akt II

In der Nacht ermordet Macbeth den König. Lady Macbeth hat zuvor die Kammerdiener vergiftet und lässt es so aussehen, als hätten diese den König erdolcht. Macbeth bereut sofort seine Tat und hat panische Angstzustände. Am Morgen entdeckt der eingetroffene Macduff den Mord und alle, insbesondere die Gastgeber, zeigen sich zutiefst schockiert. Es geschehen unnatürliche Dinge im Staat: Duncans Söhne, die Prinzen Malcolm und Donalbain, vermuten Verrat und fliehen heimlich vom Schloss, woraufhin man diese als Auftraggeber des Mordes durch die Kammerdiener verdächtigt. Macbeth hat die Kammerdiener seinen eigenen Worten zufolge aus Wut getötet. Macbeth wird König. Macduff fährt nicht zu dessen Krönung nach Scone.

Akt II, Szene 1

Banquo und Macbeth über die Prophezeiungen

Spät in der Nacht befindet sich Banquo mit seinem Sohn Fleance in einem Burghof des Macbeth'schen Schlosses. Banquo hat den König zu Bett geleitet und kann selbst nicht schlafen, da er ahnt, dass etwas nicht in Ordnung ist. Er ist überrascht, dass Macbeth, der von einem Diener mit einer Fackel in der Hand begleitet wird, ebenfalls noch nicht zu Bett gegangen ist. Nachdem Banquo Macbeth einen Diamanten des Königs als Geschenk an Lady Macbeth überreicht hat, sprechen sie kurz über die Prophezeiungen der drei Schicksalsschwestern. Banquo bemerkt, dass sie Macbeth gegenüber wahr geworden sind. Macbeth behauptet, nicht an die Hexen zu denken und schlägt vor, zu einem anderen Zeitpunkt über dieses Thema zu sprechen. Banquo will dem zukünftigen Rat Macbeths folgen, jedoch nur dann, wenn er ehrenhaft sein werde.

Nachdem Banquo und Fleance den Burghof verlassen haben, schickt Macbeth einen Diener zu Lady Macbeth, um ihr mitzuteilen, dass sie die Glocke anschlagen möge, sobald sein Nachttrunk bereit sei.

Macbeths Dolch-Vision; Mordvorbereitungen

Nachdem auch der Diener den Ort verlassen hat, ist Macbeth allein. Er bildet sich ein, einen Dolch vor sich schweben zu sehen, der ihm sein Ziel weist: den Mord an König Duncan. Macbeth empfindet zunächst Horror bei dem Gedanken an sein Vorhaben, doch sein Entschluss ist gefasst. Als die Glocke läutet, beschließt er, seinen Plan auszuführen und Duncan zu töten.

Stichwörter/wichtige Textstellen: Kontrast: Banquo/Macbeth.

Akt II, Szene 2

Macbeth begeht den Königsmord

Während Macbeth den Mord an König Duncan begeht, tritt Lady Macbeth auf. Sie hat die Kammerdiener des Königs vergiftet und Macbeth deren Dolche bereitgelegt. Als sie einen Schrei aus dem Inneren hört, bangt sie jedoch um die psychische Stärke ihres Gatten, den Plan in die Tat umzusetzen. Sie hätte den Mord selbst begangen, wenn der schlafende König nicht ihrem Vater ähneln würde.

Macbeth tritt auf und berichtet, dass er die Tat vollbracht habe. Er wirkt verstört und hält die beiden blutbeschmierten Dolche, die er bei den Dienern hätte liegen lassen sollen, in der Hand. Aus Angst, die Tat erneut ansehen und darüber nachdenken zu müssen, weigert er sich, die Dolche in die Kammer zurückzubringen. Lady Macbeth verhöhnt ihn und bringt selbst die Dolche zurück. Ein Klopfen an dem Tor der Burg verstärkt die Schuldgefühle und Angstzustände Macbeths, der apathisch seine blutbeschmierten Hände betrachtet. Lady Macbeth kommt zurück und als es erneut klopft, mahnt sie ihren Gatten zur Standhaftigkeit und rät, das Blut abzuwaschen, Hausgewänder anzuziehen und sich ins Schlafgemach zurückzuziehen, sodass es aussähe, als hätten sie zur Zeit des Mordes geschlafen.

Stichwörter/wichtige Textstellen: Der Mord geschieht nicht auf der Bühne; Stärke Lady Macbeths vs. Schwäche, unmittelbare Reue Macbeths; dramatische Ironie.

Akt II, Szene 3

Pförtnerszene

Da das Klopfen am Tor nicht aufhört, macht sich ein Pförtner auf, das Tor zu öffnen. Er ist noch immer betrunken und stellt sich vor, er sei der Pförtner am Höllentor. Der Pförtner öffnet das Tor und lässt Macduff und Lenox herein. Nach einem kurzen Wortwechsel tritt Macbeth auf, scheinbar geweckt durch das Klopfen. Macduff berichtet, dass der König ihm befohlen habe, ihn frühzeitig aufzusuchen und verlangt, direkt zu seiner Kammer gebracht zu werden. Während Macduff zum König gebracht wird, schildert Lenox, wie stürmisch und unheimlich chaotisch die Nacht gewesen sei.

Entdeckung des Mordes durch Macduff

Zutiefst entsetzt kehrt Macduff zurück und verkündet den Königsmord. Während er lautstark das Schloss in Angst und Schrecken versetzt, eilen Macbeth und Lenox zu dem Tatort, um sich selbst von der Schandtat zu überzeugen. Eine Glocke läutet, Lady Macbeth und Banquo erscheinen nacheinander und werden von Macduff über den Mord unterrichtet.

Als Macbeth und Macduff Malcolm und Donalbain von dem Mord an ihrem Vater berichten und Lenox den Verdacht auf die Kammerdiener lenkt, gibt Macbeth vor zu bereuen, dass er diese in seinem Zorn getötet habe. Macduff verlangt jedoch eine Erklärung von Macbeth und als dieser sich mit seiner intensiven Liebe zu Duncan rechtfertigt, täuscht Lady Macbeth einen Schwächeanfall vor, um von der Tat abzulenken.

Flucht von Malcolm und Donalbain

Während Lady Macbeth hinausgetragen wird, tauschen sich Malcolm und Donalbain kurz über das Verbrechen aus. Sie ahnen, dass der Mord auf verräterische Weise von jemandem in ihrem Umfeld begangen worden ist und beschließen, aus Sicherheitsgründen Schottland zu verlassen.

Stichwörter/wichtige Textstellen: Dramatische Ironie; Verdacht Donalbains: „... the near in blood, / The nearer bloody." (II, 3, ll. 133–134)

Akt II, Szene 4

Macbeth wird König

Außerhalb des Schlosses spricht Rosse mit einem alten Mann über die schreckliche Nacht des Mordes und die unnatürlichen Ereignisse, die um das Schloss herum geschehen sind. Macduff tritt auf und berichtet, dass die beiden Prinzen Malcolm und Donalbain aufgrund ihrer heimlichen Flucht verdächtigt werden, die Kammerdiener mit dem Mord beauftragt zu haben. Macbeth ist zum neuen König nominiert worden und zur Einsetzung nach Scone gegangen. Im Gegensatz zu Rosse begibt sich Macduff nicht zur Krönung nach Scone, sondern kehrt zurück nach Fife.

Stichwörter/wichtige Textstellen: Alter Mann repräsentiert das Volk: Kommentar zu den Ereignissen; Verdacht Macduffs.

Akt III

Macbeth und seine Gemahlin treten als König und Königin von Schottland auf. Auf dem Höhepunkt seiner Pläne angelangt, beschließt Macbeth jedoch Banquo und dessen Sohn Fleance töten zu lassen, da er nicht ertragen kann, den Mord für dessen Nachkommenschaft begangen zu haben. Banquo wird Opfer der beauftragten Mörder, Fleance jedoch entkommt. Während des Banketts erhält Macbeth die Nachricht von der Ermordung Banquos und der ermordete Geist Banquos nimmt ebenfalls am Bankett teil. Macbeth, wahnsinnig, beginnt zu fantasieren und Lady Macbeth ist bemüht, sein erschreckendes Verhalten vor den Gästen mit einer seltenen Krankheit zu erklären. Doch es regen sich Gerüchte, Lenox verdächtigt Macbeth als Mörder und Macduff plant den Sturz des Tyrannen mithilfe des englischen Königs, an dessen Hof er geeilt ist. Derweilen hat sich Hecate in das Treiben der drei Hexen eingeschaltet und es wird das endgültige Verderben Macbeths besiegelt. Macbeth plant zur gleichen Zeit einen weiteren Besuch bei den Hexen.

Akt III, Szene 1

Banquo, der sich allein in einem Raum im Königsschloss befindet, denkt über die Prophezeiungen der Hexen nach und verdächtigt Macbeth, diese möglicherweise auf schändliche Weise erfüllt zu haben. Er hofft jedoch, dass auch jene Voraussage über ihn als Vater vieler Könige bestätigt wird.

Von einem Trompetensignal angekündigt treten Macbeth und Lady Macbeth als König und Königin von Schottland auf. Sie begrüßen Banquo als ihren vornehmsten Gast bei dem bevorstehenden Nachtmahl und Banquo bezeugt seine Loyalität dem neuen König gegenüber.

Als Macbeth erfährt, dass Banquo mit seinem Sohn Fleance erst gegen Abend zum Schloss zurückzukehren plant, gibt er vor, am folgenden Tag seinen Rat hinsichtlich der entflohenen Söhne Duncans zu benötigen. Macbeth verabschiedet sein königliches Gefolge bis zum Nachtmahl und schickt einen Diener zum Schlosstor, um „those man“ (III, 1, l. 45) hereinzuholen.

Macbeth fürchtet Banquo aufgrund seiner Weisheit und Kühnheit. Im Zusammenhang mit den Prophezeiungen ist es für Macbeth unerträglich, dass er den blutigen Königsmord für Banquos Nachkommenschaft begangen haben soll.

Macbeth beauftragt Mord an Banquo und seinem Sohn Fleance

Der Diener bringt die Männer herein, zwei Mörder. Macbeth hat sie bereits zuvor mit dem Mord an Banquo beauftragt, stellt ihnen nun jedoch detailliert dar, warum Banquo ihr Feind sei und getötet werden müsse. Da Macbeth Banquo zuvor über seine Rückkehr zum Schloss ausgefragt hat, gibt er den Mördern nun genaue Instruktionen über den geplanten Ablauf des Verbrechens. Macbeth betont, dass auch Banquos Sohn Fleance getötet werden müsse.

Stichwörter/wichtige Textstellen: Kontrast: Banquo (integer) vs. Macbeth; Erfüllung der Prophezeiungen für Macbeth: Macbeth als König, Cawdor, Glamis; Skrupellosigkeit Macbeths (Tyrann).

Akt III, Szene 2

Gespräch zwischen Macbeth und seiner Frau vor dem Fest

Vor dem Nachtmahl möchte Lady Macbeth mit ihrem Gatten sprechen, da auch sie die jetzige Lage als unsicher empfindet. Macbeth erscheint und spricht mit Lady Macbeth über das bevorstehende Fest. Er unterrichtet sie von seiner Furcht vor Banquo und Fleance und deutet den geplanten Mord an. Lady Macbeth weiß nicht, wer getötet werden soll, und Macbeth fordert sie auf, in Unwissenheit zu warten, bis die Tat vollbracht ist, um sich dann darüber zu freuen.

Stichwörter/wichtige Textstellen: „O! full of scorpions is my mind, dear wife!" (III, 2, l. 36); verändertes Verhältnis zwischen Macbeth und Lady Macbeth: Macbeth ist dominant, isoliert sich und weiht Lady Macbeth nicht umfassend in seine Pläne ein.

Akt III, Szene 3

Während der Dämmerung treffen die zwei Mörder auf einem Weg vor dem Schloss mit einem dritten Mörder zusammen, der ebenfalls von Macbeth geschickt worden ist. Gemeinsam warten sie ab, bis Banquo und Fleance sich dem Schlosstor genähert haben. Dann springen sie hervor und schaffen es, Banquo zu töten, der sofort zu erkennen scheint, wer die Mörder geschickt hat. Fleance entkommt und die Mörder eilen zu Macbeth, um ihn davon zu unterrichten.

Mord an Banquo, Fleance kann fliehen

Stichwörter/wichtige Textstellen: Krisis, Wendepunkt: Flucht Fleances.

Akt III, Szene 4

In einem Prunksaal im Schloss begrüßen der neue König und seine Königin die Gäste des Banketts. Einer der Mörder erscheint an einer Seitentür und berichtet Macbeth, dass Banquo tot und Fleance entkommen sei. Macbeth kehrt zum Bankett zurück und bedauert heuchlerisch, dass sein Ehrengast Banquo nicht anwesend ist. Der Geist Banquos tritt auf und setzt sich auf Macbeths Platz, sodass Macbeth glaubt, der Tisch sei voll, als er von Rosse darum gebeten wird, sich zu setzen. Nur Macbeth kann den Geist sehen und ist zutiefst erschrocken und in Panik. Während er vor seinen Gästen mit dem unsichtbaren Geist über den Mord spricht, versucht Lady Macbeth zu verhindern, dass ihr Gatte seine Schuld preisgibt, indem sie sein Verhalten mit einer seltenen Krankheit entschuldigt. Sie versucht Macbeth zu verdeutlichen, dass er mit einem Stuhl spricht und die Situation der Vision des Dolches gleiche, doch Macbeth ist

Der Geist Banquos tritt auf und Macbeth reagiert wie von Sinnen wie von Sinnen. Der Geist verschwindet und Macbeth sammelt sich wieder, doch der Geist erscheint erneut, als Macbeth einen Toast auf Banquo ausspricht. Macbeth ist erneut zu schockiert von der Erscheinung, sodass das Bankett beendet werden muss.

Macduff ist nicht erschienen; Macbeth will Hexen erneut befragen

Nachdem Geist und Gäste den Saal verlassen haben, sprechen Macbeth und seine Gattin darüber, dass Macduff nicht zum Bankett erschienen sei und somit den Anordnungen des neuen Königs nicht Folge leiste. Macbeth will erneut die drei Hexen befragen und deutet an, dass er „seltsame" Dinge im Kopf habe, die ausgeführt werden müssten, bevor sie genauer erwogen werden könnten: „Strange things I have in head, that will to hand, / Which must be acted, ere they may be scann'd." (III, 4, ll. 138–139). Beide ziehen sich zum Schlaf zurück.

Stichwörter/wichtige Textstellen: „Thou canst not say, I did it: never shake / Thy gory locks at me." (III, 4, ll. 49–50)

Akt III, Szene 5

Hexenszene mit Hecate

Die drei Hexen treten auf und treffen auf Hecate, die Göttin der Hexenkunst. Hecate ist zornig, da die drei Hexen sie in ihr Treiben mit Macbeth nicht eingeschlossen haben. Nun ordnet sie an, für den folgenden Tag, an dem Macbeth die Hexen aufsuchen werde, einen besonders wirkungsstarken Trunk vorzubereiten, um einen Zauber zu beschwören, der Macbeth endgültig in den Untergang stürzen werde.

Stichwörter/wichtige Textstellen: Macbeth wird von den Hexen erwartet.

Akt III, Szene 6

Verdacht Macduffs; erste Umsturzpläne

Lenox erzählt einem anderen Lord von seinem Verdacht, dass Macbeth die Morde begangen habe. Er weist auch darauf hin, gehört zu haben, dass Macduff aufgrund seiner Abwesenheit bei dem königlichen Bankett in Ungnade gefallen sei. Der Lord berichtet Lenox, dass Macduff zum englischen Königshof gegangen sei, an dem sich auch Malcolm aufhalte. Macduff wolle König Edward bitten, ihn bei dem Kampf gegen den Tyrannen Macbeth zu unterstützen.

Stichwörter/wichtige Textstellen: Macduff (Umsturzpläne, Widerstand) vs. Macbeth.

Akt IV

Bei den Hexen in Forres erhält Macbeth nun weitere zwielichtige Prophezeiungen, die ihn in weitere verhängnisvolle Taten hineinstürzen: Erstens, eine Warnung vor Macduff, dem Than von Fife, zweitens, dass kein von einer Frau geborener Mensch ihm schaden könne, drittens, dass er niemals besiegt werden solle, ehe sich der große Wald von Birnam gegen den Berg von Dunsinane bewege und viertens, dass die zukünftigen Erben der Krone Schottlands die Nachkommen Banquos sein werden. Macbeth befiehlt den Mord an der Familie Macduffs, die ohne die Präsenz Macduffs den Mördern schutzlos ausgeliefert ist. Macduff, der Malcolm am englischen Hof von der Revolte gegen Macbeth überzeugt, erfährt von der Untat und schwört Rache an Macbeth.

Akt IV, Szene 1

In einem Haus in Forres tanzen die drei Hexen um einen kochenden Kessel herum und besprechen, was sie für ihren teuflischen Zauber benutzen. „Something wicked this way comes" (IV, 1, l. 45), es klopft und Macbeth erscheint. Er befiehlt den Hexen, seine Fragen zu beantworten, doch diese schlagen vor, es durch ihre Meister tun zu lassen.

Erscheinungen der Hexen

Als erste Erscheinung tritt ein gepanzertes Haupt auf, das ihn vor Macduff, dem „Thane of Fife", warnt. Obwohl Macbeth mehr über Macduff erfahren will, versinkt die Erscheinung. Eine der Hexen kündigt daraufhin eine zweite, mächtigere Erscheinung in Form eines blutigen Kindes an. Dieses rät Macbeth blutig, kühn und entschlossen zu sein, da kein von einer Frau geborener Mensch ihm schaden könne. Obwohl Macbeth Macduff nun nicht mehr fürchten zu müssen glaubt, will er mehr erfahren. Als dritte Erscheinung tritt ein gekröntes Kind mit einem Baum in der Hand auf. Von diesem erfährt Macbeth, dass er niemals besiegt werden solle, bis sich der große Wald von Birnam gegen den Berg von Dunsinane bewege. Auch dieses reicht Macbeth nicht aus, denn er will wissen, ob Banquos Nachkommenschaft jemals herrschen werde. Daraufhin erscheinen acht Könige, von denen der letzte einen Spiegel in der Hand trägt, der unendlich viele reflektiert. Der Geist Banquos folgt ihnen. Somit ist deutlich, dass die zukünftigen Erben der Krone Schottlands die Nachkommen Banquos sein werden.

Macbeth will Macduffs Familie ermorden

Plötzlich verschwinden die Hexen und Macbeth verflucht sie. Lenox tritt auf und berichtet Macbeth, dass Macduff nach England geflohen sei. Macbeth schwört, von nun an sofort zu handeln und beschließt, Macduffs Burg zu überfallen und seine Familie und Gefolgschaft zu ermorden.

Stichwörter/wichtige Textstellen: Macbeth als entmenschlichtes Böses; teuflische Bildebene; Gefühl von Sicherheit durch zweideutige Erscheinungen.

Akt IV, Szene 2

Mord an der Familie Macduffs

In einem Raum in Macduffs Burg in Fife berichtet Rosse Lady Macduff und ihrem Sohn, dass Macduff nach England geflohen sei. Während Rosse versucht, Lady Macduff davon zu überzeugen, dass die Handlung ihres Gatten positiv sei, hält Lady Macduff diese für feige. Sie lässt sich nicht überzeugen und fürchtet sich vor der schutzlosen Zukunft. Rosse erträgt die Klagen Lady Macduffs nicht länger, verabschiedet sich und lässt sie mit ihrem Sohn allein zurück. Während Lady Macduff mit ihrem Sohn über seinen Vater spricht, tritt ein Bote auf, der ihnen sagt, dass sie in Lebensgefahr seien. Doch die schutzlose Familie hat keinen Zufluchtsort. Mörder treten auf, töten ihren Sohn, und Lady Macduff rennt, von den Mördern verfolgt, weg.

Stichwörter/wichtige Textstellen: Mord an Unschuldigen ohne Rechtfertigungsmöglichkeit; Brutalität und Feigheit Macbeths.

Akt IV, Szene 3

Widerstandspläne von Macduff und Malcolm; Macduff schwört Rache

Im Palast des Königs von England hat Macduff Malcolm aufgesucht, um ihn zur Revolte gegen Macbeth anzutreiben. Malcolm testet jedoch zunächst Macduffs Ehrlichkeit, da er durch das tyrannische Regime Macbeths allen ehemaligen Freunden gegenüber misstrauisch ist. So gibt er vor, er wäre ein weitaus schlechterer Herrscher als Macbeth, gekennzeichnet von unmoralischen Lastern und allgemeiner Regierungsunfähigkeit. Aus tiefstem Herzen heraus trauert Macduff um Schottland und Malcolm ist überzeugt, dass er ihm trauen kann. Er erläutert Macduff den Grund seines Täuschungsmanövers und es stellt sich heraus, dass Malcolm ein in jeder Hinsicht geeigneter König Schottlands sein würde. Malcolm sichert Macduff seine Unterstützung für die geplante Rebellion zu. Rosse tritt auf und berichtet nach einigem Zögern von dem grausamen Mord an Macduffs Familie. Macduff ist zunächst schier sprachlos, fasst sich jedoch und schwört Rache.

Stichwörter/wichtige Textstellen: Dramatische Gegensätze: König Edward, König Duncan vs. König Macbeth (Tyrann).

Akt V

Lady Macbeth wird von ihrem schlechten Gewissen eingeholt. Sie schlafwandelt, gesteht im Wahn ihre Tat und stirbt. Macbeth empfindet daraufhin lediglich die Sinnlosigkeit und Absurdität des Daseins, er

hat sich bereits zuvor von seiner Frau isoliert und seine despotischen Taten ohne ihr Wissen bzw. ihre Unterstützung ausgeführt. Außerhalb von Dunsinane planen Macduff und Malcolm den Sturz des Tyrannen, während sich Macbeth – in die Enge getrieben – auf dem Schloss für die Schlacht wappnet. Er sieht, dass sich der Wald von Birnam Richtung Dunsinane bewegt und erkennt die teuflische Zweideutigkeit der Hexen und ihrer Prophezeiungen, die ihn ins Verderben gestürzt haben. Macduffs Truppen benutzen Äste des Waldes als Tarnung ihrer Truppenstärke. Im finalen Zweikampf mit Macbeth gibt Macduff zu erkennen, dass er frühzeitig aus dem Mutterschoß geschnitten wurde, womit Macbeth allen Wahnsinn erkennt und von Macduff besiegt wird. Malcolm wird rechtmäßiger König von Schottland.

Akt V, Szene 1

Lady Macbeth schlafwandelt und enthüllt ihre Schuld

In Macbeths Schloss in Dunsinane sprechen ein Arzt und eine Kammerfrau über Lady Macbeth, die aufgrund ihres schlechten Gewissens über die Mordtaten schlafwandelt. Während sie mit einer Kerze an Arzt und Kammerfrau vorbeiwandelt, erlebt sie im Schlaf einige der Vorfälle und enthüllt ihre Schuld. Sie versucht krampfhaft, ihre Hände vom Blut rein zu waschen und der Arzt stellt fest, dass sie eher einen Geistlichen als einen Arzt brauche: „More needs she the divine than the physician." (V, 1, l. 67).

Stichwörter/wichtige Textstellen: Wahnsinn Lady Macbeths; Prosa; dramatische Ironie.

Akt V, Szene 2

Angriff auf Dunsinane steht bevor

In der Nähe von Dunsinane rüstet sich ein Trupp treuer Schotten für die Rebellion gegen Macbeth. Sie planen, die englischen Streitkräfte in der Nähe des Waldes von Birnam zu treffen. Die „Noblemen" sprechen über das momentane Befinden des Tyrannen Macbeth, dessen

Morde und Treuebruch nun öffentlich bekannt sind. Siegessicher marschieren sie nach Birnam.

Stichwörter/wichtige Textstellen: Kriegsvorbereitungen; Anspielung auf Birnam und Dunsinane (vgl. Prophezeiung).

Akt V, Szene 3

Macbeth bereitet sich auf Kampf vor

Im Inneren des Schlosses von Dunsinane bereitet sich Macbeth auf die Schlacht vor. Den Prophezeiungen der Hexen vertrauend hält er sich für unbesiegbar, solange sich der Wald von Birnam nicht nach Dunsinane bewege und er keinen Knaben, der nicht von einer Frau geboren worden ist, kenne. Boten berichten ihm, dass die englischen Streitkräfte angekommen und gegen ihn gerüstet seien. Er gesteht Seyton, dass er seine Position lieber auf tugendhafte Weise erlangt und sich ein Altwerden unter Freunden gewünscht hätte. Der Arzt erklärt Macbeth, dass er Lady Macbeth nicht helfen könne, da sie Ihre Gedanken krank machen. Macbeth ist besessen von den Prophezeiungen der Hexen und beschließt, weder Tod noch Untergang zu fürchten, bis der Wald von Birnam nach Dunsinane komme.

Stichwörter/wichtige Textstellen: Macbeths vollständige Besessenheit von den teuflischen Mächten.

Akt V, Szene 4

Tarnung der Truppen durch Äste

In der Nähe von Dunsinane bei dem Wald von Birnam haben sich die Truppen gegen Macbeth versammelt. Malcolm befiehlt jedem seiner Soldaten, sich einen Ast abzuhauen und vor sich herzutragen, um die Stärke des Heeres verdeckt zu halten. Sie erfahren, dass Macbeth in Dunsinane bleiben und es auf eine Belagerung ankommen lasse.

Stichwörter/wichtige Textstellen: Wiederherstellung der natürlichen Ordnung; Einleitung des Endkampfs für die Ordnung: „Siward: ... But certain issue strokes must arbitrate;" (V, 4, l. 20).

Akt V, Szene 5

Innerhalb der Burg wartet Macbeth noch immer siegessicher auf den Angriff Malcolms und seiner Truppen. Er bedauert, dass er den Verrätern nicht im Schlachtfeld begegnen könne, da ihn zu viele Leute im Stich gelassen hätten. Aus dem Schloss ertönt das Klagegeschrei von Frauen. Während Seyton hineineilt, um zu erfahren, wodurch dieses hervorgerufen worden ist, denkt Macbeth daran, dass ihn bei all seinen Erfahrungen mit den Gräueln nichts mehr erschrecken könne. Seyton kehrt zurück und berichtet, dass Lady Macbeth gestorben sei. Hierauf stellt Macbeth fest, dass das Leben sinnlos und absurd sei.

Tod Lady Macbeths

Ein Bote erscheint mit der Nachricht, dass sich der Wald von Birnam Richtung Dunsinane zu bewegen scheine. An die Prophezeiungen erinnert, kehren seine Ängste zurück. Macbeth erkennt die teuflische Zweideutigkeit der Hexen, die ihn ins Verderben getrieben hat, und ändert seine Strategie, indem er kurz entschlossen zu den Waffen greift, um zumindest mit der Rüstung am Leib zu sterben.

Stichwörter/wichtige Textstellen: Monolog: Absurdität des Seins: „To-morrow, and to-morrow, and to-morrow, / Creeps in this petty pace from day to day, / To the last syllable of recorded time; / And all our yesterdays have lighted fools / The way to dusty death. Out, out brief candle! / Life's but a walking shadow; a poor player / That struts and frets his hour upon the stage, / And then is heard no more: it is a tale / Told by an idiot, full of sound and fury, / Signifying nothing." (V, 5, ll. 19–28)

Akt V, Szene 6

Malcolm, Macduff und Siward nähern sich mit ihren durch die Äste verdeckten Truppen dem Schloss. Malcolm befiehlt den Soldaten, die Blättertarnung fallen zu lassen und das Schloss des Tyrannen anzugreifen.

Angriff auf die Burg

Stichwörter/wichtige Textstellen: Beginn der Schlacht.

Akt V, Szene 7

Auf dem Schlachtfeld trifft Macbeth, besessen von dem Gedanken an die Prophezeiung der Hexen, auf den jungen Siward und tötet ihn im Kampf. Während Macbeth unter den Kämpfenden keinen erkennen kann, der nicht von einer Frau geboren worden ist, erscheint Macduff, der den Tyrannen sucht, um den Mord an seiner Familie zu rächen. Siward und Malcolm berichten, dass die Truppe Macbeths in der Zwischenzeit kapituliert habe, sodass der rechtmäßige König Malcolm in die Burg einziehen könne.

Eroberung der Burg durch Malcolms Truppen

Stichwörter/wichtige Textstellen: Wiederherstellung der Ordnung: „We have met with foes / That strike beside us." (V, 7, ll. 28–29)

Akt V, Szene 8

Macbeth erkennt, dass der Kampf verloren ist, dennoch will er sich bis zum Letzten wehren. Er trifft auf Macduff. Während sie kämpfen, ist sich Macbeth siegessicher, da er keinem unterliegen solle, der von einer Frau geboren worden sei. Hierauf erklärt Macduff, dass er vorzeitig aus dem Leib seiner Mutter herausgeschnitten worden sei. Macbeth verflucht die teuflischen Hexen, doch er ergibt sich nicht und wird im Zweikampf getötet.

Macduff tötet Macbeth

Stichwörter/wichtige Textstellen: Macbeth erkennt die tragische Zweideutigkeit der Prophezeiungen: „And be these juggling fiends no more believ'd, / That palter with us in a double sense; / That keep the word of promise to our ear, / And break it to our hope." (V, 8, ll. 19–21)

Akt V, Szene 9

Im Schloss sprechen Malcolm und seine königlichen Truppen über den Verlauf der Schlacht und die Verluste. Nicht viele ihrer Soldaten sind gestorben und der junge Siward starb den „ehrenhaften Tod" eines Soldaten. Macduff wird vermisst, doch dann erscheint er mit Macbeths Kopf in der Hand und grüßt den rechtmäßigen König von Schottland.

Wiederherstellung der natürlichen Ordnung

Als Zeichen seiner Anerkennung der loyalen Dienste macht Malcolm seine Thanen und Verwandten zu Grafen, verspricht, an Macbeths Verbündeten Rache zu nehmen, und lädt seine Untertanen zur Krönung nach Scone ein.

Stichwörter/wichtige Textstellen: Krönung Malcolms.

3.3 Aufbau

ZUSAMMENFASSUNG

Der Elisabethanischen **Tragödienkonzeption** als Drama vom „Fall of Princes"[10] entsprechend folgt die Kompositionsstruktur des *Macbeth* dem gattungskennzeichnenden **Fünf-Akt-Schema**, bei dem nach der Exposition (Akt I) die Entfaltung des dramatischen Konflikts in einen aufsteigenden und einen fallenden Handlungsteil gegliedert ist. Die Handlungssteigerung findet über mehrere Stufen (Akt II, III) bis zum Höhepunkt, der Krisis (Akt III), statt. Die Krisis bildet den Wendepunkt der Handlung, die nun wieder über mehrere Stufen (Akt IV) bis zur Lösung des Konflikts in der Katastrophe (Akt V) fällt.

Die **Plotkonstruktion** *Macbeth* ist überschaubar und **einsträngig**. Der expositorische erste Akt gliedert sich in sieben Szenen, in denen die Verhältnisse dargelegt werden, aus denen der dramatische Konflikt entspringt. Der zweite Akt gestaltet in vier Szenen die Verschärfung des Konfliktes. Im dritten Akt, der in sechs Szenen gegliedert ist, wird der Konflikt zunächst weitergesteigert; er erreicht mit Fleances Entkommen seine Krisis und der Handlungsumschwung (Peripetie in Szene 4) erfolgt durch Macbeths Wahn angesichts des Geistes von Banquo. Der vierte Akt gestaltet in drei Szenen die fallende Handlung und treibt auf die Katastrophe im fünften Akt zu, indem stufenweise die Handlung gegen König Macbeth, über seinen Wahnsinn bis hin zu seinem Fall, dramatisiert

10 Vgl. Suerbaum, S. 170.

wird. Einzelne Szenen weisen darüber hinaus aufgrund ihrer speziellen, kunstfertigen Struktur zusätzliche unterhaltende und lehrende Elemente auf.

Kompositionsstruktur

I. Akt: Exposition in 7 Szenen

Der **expositorische erste Akt** des Dramas gliedert sich in sieben Szenen, in denen die Verhältnisse dargelegt werden, aus denen der dramatische Konflikt entspringt. Szene 1 bildet mit dem Auftritt der Hexen auf einem Feld den Auftakt des Dramas und die Einleitung in den Konflikt. Die Hexen beschwören die Umkehr aller Werte und planen, Macbeth zu treffen. Szene 2 verdeutlicht mit der Präsentation des Königs Duncan die natürliche Ordnung, welche im Laufe des Dramas umgekehrt wird. Szene 3 verschärft den Konflikt: Die Hexen treffen auf einer Heide mit Macbeth und Banquo zusammen, um ihre doppelbödigen Prophezeiungen auszusprechen. Macbeth hat erste Mordgedanken. In den Szenen 4, 5 und 6 steigert sich der Konflikt durch Duncans Plan, Inverness zu besuchen, und seine tatsächliche Ankunft. Macbeths Mordplan festigt sich durch die boshafte Unterstützung Lady Macbeths. Szene 7 bildet den Höhepunkt des ersten Aktes: die Macbeths beschließen endgültig, ihren Mordplan auszuführen; „False face must hide what the false heart doth know." (I, 7, l. 84)

II. Akt: steigende Handlung

Der **zweite Akt** gestaltet stufenweise in vier Szenen die Verschärfung des im ersten Akt eingeführten Konflikts, die Handlung gegen König Duncan. Szene 1 setzt die Voraussetzungen für den Mord. Es ist Nacht, König Duncan befindet sich in seinem Schlafgemach und Lady Macbeth gibt das Mordsignal. In Szene 2, dem Höhepunkt des zweiten Aktes, begeht Macbeth den Königsmord.

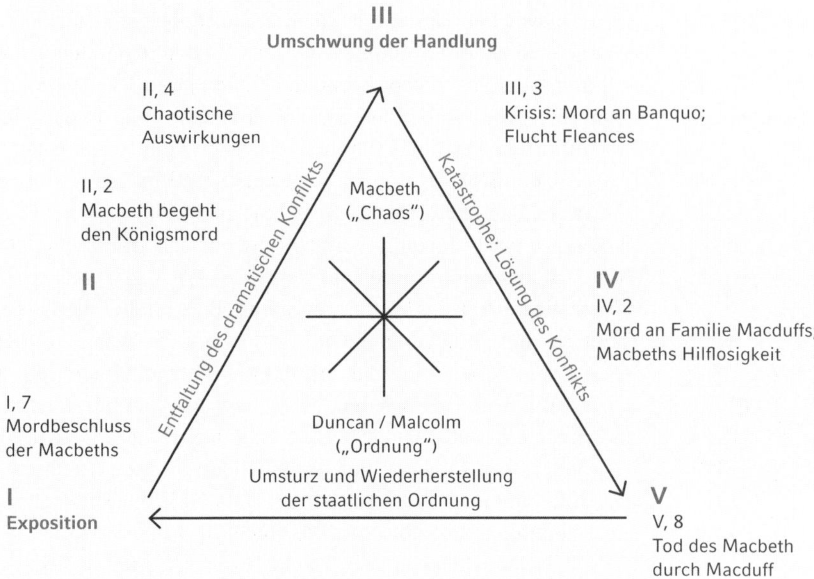

Die dritte Szene dient zunächst durch die ironische Einlage des betrunkenen Pförtners zur Erheiterung und als Ventil für aufgestaute Affekte (nach dem grausamen Höhepunkt in der vorangehenden Szene). Weitere Kennzeichen sind das Entdecken des Mordes und die Flucht der Prinzen. Szene 4 stellt die verheerenden Auswirkungen des Königsmordes auf das gesamte System, auf Mikro- und Makrokosmos dar. Während Macbeth der neue designierte König ist, herrscht in Schottland Chaos.

II, 4: Auswirkung auf Mikro- und Makrokosmos

Im **dritten Akt**, der in sechs Szenen gegliedert ist, wird der Konflikt zunächst durch Macbeths skrupellose Pläne gegen Banquo und

III, 3: Krisis – Mord an Banquo

seinen Sohn Fleance (Szene 1–2) weiter gesteigert. In der dritten Szene, in welcher nur der Mord an Banquo, jedoch nicht an Fleance gelingt, erreicht der Konflikt seine Krisis. In den folgenden Szenen 4, 5 und 6 wird der Umschwung der Handlung, die Peripetie, eingeleitet. In Szene 4, der Bankettszene, findet die erste, folgenreiche Erschütterung Macbeths durch seine Vision vom Geiste Banquos statt (vgl. Kapitel 3.4). In Szene 5 vollziehen die Hexen ihren letzten, bösartigen Zauber, der Macbeth in den Untergang treiben soll, und in Szene 6 wird Macduffs Verdacht gegen Macbeth offenkundig. Erste Umsturzpläne werden gefasst.

III, 4–6: Peripetie

Der **vierte Akt**, in drei Szenen unterteilt, gestaltet die fallende Handlung des Dramas. In Szene 1 antworten die Hexen auf Macbeths Fragen über seine Zukunft mit den Erscheinungen, die ihn zunächst in Sicherheit wiegen, da er deren zweideutige Aussagen noch nicht erkennt. Szene 2 gestaltet mit dem von Macbeth in Auftrag gegebenen Mord an der unschuldigen Familie Macduffs einen Höhepunkt der Grausamkeit des Protagonisten. Zugleich wird seine zunehmende Hilflosigkeit deutlich. In Szene 3 werden konkrete Rebellionspläne gegen Macbeth gefasst, Macduff schwört Rache.

IV, 2: Höhepunkt der Grausamkeit Macbeths

Die Handlung des vierten Aktes treibt notwendig auf die **Katastrophe im fünften Akt** zu. In neun Szenen gegliedert, wird zunächst in Szene 1 der Wahnsinn Lady Macbeths dramatisiert, die beim Schlafwandeln ihre Schuld enthüllt. In den Szenen 2–7 wird stufenweise die Handlung gegen den König Macbeth, der Angriff auf Dunsinane, dramatisiert, wobei insbesondere der Wahnsinn des von den Prophezeiungen besessenen Macbeth hervorgehoben wird. Am Ende von Szene 7 kapituliert die Truppe Macbeths, Szene 8 stellt den endgültigen Fall des Protagonisten dar, der im Kampf von Macduff getötet wird. In der letzten Szene 9 findet mit dem Designieren des

V. Akt: Katastrophe; Wiederherstellung der Ordnung

rechtmäßigen Königs Malcolm die Wiederherstellung der natürlichen Ordnung statt.

Leitthemen

- → Umsturz und Wiederherstellung der staatlichen Ordnung („order/disorder").
- → Das Böse als einzelmenschliche Schuld und Sühne („the fall of man").
- → Das Böse als metaphysische Auseinandersetzung zwischen himmlischen und höllischen Mächten.

Leitmotive

➪ Vgl. Kapitel 3.6 S. 91 ff.

- → Schein vs. Sein („dramatic irony").
- → Wiederkehrende Metaphorik (u. a. „extended metaphors": Theater/Schauspielerei, Kleidung, Dunkelheit/Helligkeit, Tiere, Krankheit und Blut, Personifikationen der Leitthemen.)

Szenenstruktur

Drama: Unterhaltungsmomente und Didaktik

Neben dem Dramatisieren der in einem Plot schilderbaren Ereigniskette liegen dem Drama Shakespeares weitere wichtige Intentionen zugrunde, die bei einer Analyse der Gesamtkomposition berücksichtigt werden müssen. Das allgemeine, aus der Antike übernommene Ziel von Literatur war es, zu nützen und zu lehren („prodesse") sowie zu unterhalten („delectare")[11]. Dementsprechend ist sowohl die Präsentation wirksamer Unterhaltungsmomente und sprachlicher Kunstfertigkeit als auch die Gestaltung didaktischer Intentionen ein wichtiges Kriterium für das Verfassen eines erfolgreichen Dramas. Um dieses Ziel zu erreichen, gewinnt die Eigenhandlung der einzelnen Szenen an Bedeutung.

---

11 Vgl. ebd., S. 45.

Im *Macbeth* gibt es sowohl Zwei-Personen-Szenen (I, 5) als auch Massenszenen (I, 4), in denen ein großer Teil der Bühnengesellschaft auftritt. Jede Szene ist ein wichtiger Bestandteil des Plots, hat jedoch auch eine Eigenhandlung, die für die Zuschauer durch bestimmte Merkmale interessant sein muss. Um die uneingeschränkte Aufmerksamkeit des Publikums zu erreichen, ist das wichtigste Prinzip der einzelszenischen Gestaltung das Durchbrechen der Normalität. So finden sich im *Macbeth* für den dramatischen Effekt wichtige Szenen, in denen zunächst eine ritualhafte Handlung dramatisiert, dann aber gestört wird, sodass die Erwartungen der Zuschauer durchbrochen werden. Beispiele hierfür sind die Staatsszene (I, 4), in welcher der rechtmäßige König Duncan mit höfischem Zeremoniell seinen Sohn Malcolm als Nachfolger verkündet, nachdem das Publikum zuvor erfahren hat, wie Macbeth die Krone prophezeit worden ist (I, 3). Die Bankettszene (III, 4), die traditionell ein festliches, nach bestimmten Ritualen verlaufendes Ereignis am Hofe des Königs ist, endet durch das Auftreten des Geistes von Banquo katastrophal. Bei der Lösung des Konfliktes wird der Szenenverlauf jedoch wieder den Erwartungen des Publikums gerecht, da dem Tragödienkonzept und dem Elisabethanischen Weltbild entsprechend („wheel of fortune") die natürliche Ordnung durch den Zweikampf zwischen dem „guten" Macduff und dem „bösen" Macbeth (V, 8) wiederhergestellt wird und der rechtmäßige König den Thron besteigt (V, 9).

Durchbrechen der Erwartungshaltung

Wiederherstellen der natürlichen Ordnung

Entwicklung eines räumlichen und zeitlichen Prozesses

Ein wichtiges dramatisches Mittel zur Verknüpfung der einzelnen Szenen zu einem Plot ist, neben der Handlung in Form von Handlungssequenzen und der Relationen von Parallelität und Kontrast der Figuren (vgl. Kapitel 3.4), die Entwicklung eines räumlichen und zeitlichen Prozesses. So verläuft beispielsweise der Konfliktaufbau des expositorischen Aktes vom Feld (I, 1) und Schlachtfeld

(I, 2) über den Königshof (I, 4) nach Inverness (I, 5, 6, 7), dem Ort des geplanten Königsmordes (II, 2). Der Raumfolge entspricht die zeitliche Abfolge der Szenen, die chronologisch von Tag (I, 1, 2, 3, 4, 5) über Dämmerung (I, 6) bis hin zum Abend (I, 7) und zur Nacht (II, 1, 2) verläuft.

3.4 Personenkonstellation und Charakteristiken

ZUSAMMENFASSUNG

Die Bühnengesellschaft des *Macbeth* repräsentiert die wirkliche Elisabethanische Gesellschaft in ihren wichtigen Funktionsmitgliedern, sodass gesellschaftspolitische Ereignisse und ihre Auswirkungen auf das gesamte System dargestellt werden können.
Die **Hauptpersonen** in *Macbeth* sind

Macbeth

→ Anführer des königlichen Heeres (zu Beginn),
→ komplexer Charakter (Doppelidentität; widersprüchlich),
→ ehrgeizig und sensibel,
→ anfällig für Irrationales
→ skrupellos, tyrannisch.

Lady Macbeth

→ repräsentiert die übernatürlichen Mächte des Bösen,
→ unterstützt ihren Mann bei seinem unrechtmäßigen Tun,
→ dabei aber naiv und kurzsichtig.

Banquo

→ wie Macbeth Anführer des königlichen Heeres,
→ hört zusammen mit Macbeth die Prophezeiung der Hexen;
→ kritisch, charakterfest, aber auch passiv;
→ wird von Macbeth ermordet.

König Duncan
→ beliebt und ehrenwert,
→ großzügig und idealistisch,
→ repräsentiert die natürlich Ordnung.

Malcolm
→ Sohn König Duncans, rechtmäßiger Thronfolger;
→ klug, rhetorisch begabt,
→ repräsentiert die königlichen Tugenden.

Macduff
→ Sinn für Gerechtigkeit,
→ ehrlich, loyal und unbestechlich;
→ entschlossen in seinem Tun.

Macbeth

Komplexer, widersprüchlicher Charakter

Die Titelfigur Macbeth ist ein komplexer Charakter. Eingeführt wird Macbeth in den ersten beiden Szenen des Dramas als heldenhafter Repräsentant der Ordnung, die er später selbst zerstört. Bevor er selbst erst in der dritten Szene auftritt, wird er von den Hexen bereits in der ersten Szene im Zusammenhang mit der geplanten Umkehr aller Werte genannt und in der zweiten Szene als Sieger in einer Schlacht und Retter Schottlands gefeiert. In der dritten Szene begegnen Macbeth und Banquo den Hexen, und beide werden zunächst als Dialogpartner parallel mit den Prophezeiungen der Hexen konfrontiert. Macbeth wirkt jedoch sichtlich erregter als Banquo, der den metaphysischen Mächten gegenüber skeptisch ist. Nachdem sich die erste Prophezeiung für Macbeth erfüllt hat und er Than von Cawdor geworden ist, wird Banquo, der Macbeth vor einem übereilten Vertrauen in die Hexen warnt, zur Kontrastfigur weiterentwickelt (vgl. S. 73).

Doppelidentiät

Macbeth sondert sich von seinem Umfeld ab und beginnt, seine Gedanken in Form von *asides* (Regieanweisung) und Monologen auszusprechen, sodass das Publikum im weiteren Verlauf des Dramas mit einer Doppelidentität des Protagonisten konfrontiert wird. Zum einen ist Macbeth der öffentliche Than, ein die Normen und Konventionen wahrender Heuchler, und zum anderen ein von starken, inneren Widersprüchen geleiteter privater Mann, den nur das Publikum kennt. Die psychische Beschaffenheit des Helden ist äußerst vielschichtig, so wird er beispielsweise durch überhöhten Ehrgeiz zu grausamen Verbrechen angeleitet und empfindet hierbei von Beginn an, auf höchst sensible Weise, das Grauen seiner eigenen Skrupellosigkeit (vgl. I, 3, ll. 134–152). Macbeth besitzt eine außergewöhnliche, fast schon krankhafte Vorstellungskraft, die ihm die Konsequenzen seiner Mordpläne bildlich vor Augen stellt.

Anfällig für das Irrationale

Er ist anfällig für das Irrationale, doch gleichzeitig auch äußerst weitsichtig, sodass er sein eigenes sittenwidriges Verhalten analysieren kann. Als Beispiel hierfür sei ein wichtiger **Monolog des ersten Aktes** aufgeführt:

> „If it were done, when 'tis done, then 'twere well / It were done quickly: if th'assassination / Could trammel up the consequence, and catch / With his surcease success; that but this blow / Might be the be-all and the end-all – here, / But here, upon this bank and shoal of time, / We'd jump the life to come. – But in these cases, / We still have judgment here; that we but teach / Bloody instructions, which, being taught, return / To plague th'inventor: this even-handed Justice / Commends th'ingredience of our poison'd chalice / To our own lips. He's here in double trust: / First, as I am his kinsman and his subject, / Strong both against the

deed; then, as his host, / Who should against his murtherer shut the door, / Not bear the knife myself. Besides, this Duncan / Hath borne his faculties so meek, hath been / So clear in his great office, that his virtues / Will plead like angels, trumpet-tongu'd, against / The deep damnation of his taking-off; / And Pity, like a naked new-born babe, / Striding the blast, of heaven's Cherubins, hors'd / Upon the sightless couriers of the air, / Shall blow the horrid deed in every eye, / That tears shall drown the wind. – I have no spur / To prick the sides of my intent, but only / Vaulting ambition, which o'erleaps itself / And falls an th'other – (...)." (I, 7, ll. 1–28)

Um einen detaillierteren Einblick in den vielschichtigen Charakter des Protagonisten zu erhalten, ist es sinnvoll, sich die im Laufe des Dramas ausgeführten Taten Macbeths zu vergegenwärtigen und diesen dann seine jeweiligen Gedanken gegenüberzustellen, wie es in der folgenden Übersicht dargestellt ist.

Macbeths komplexe Charakterstruktur (Taten und Gedanken Macbeths)

TATEN MACBETHS	GEDANKEN MACBETHS
Macbeth ermordet den gerechten und vom Volk geschätzten König Duncan, der gleichzeitig auch ein Verwandter ist. Macbeth begeht somit ein höchst schändliches, gegen die göttliche Ordnung gerichtetes Verbrechen, das dadurch verschlimmert wird, dass Duncan in Macbeths Burg als Gast ermordet wird.	Zunächst erschreckt Macbeth sein Mordgedanke, den er unmittelbar nach der Erfüllung der ersten Prophezeiungen hegt (I, 3, ll. 134–142). Dennoch festigt sich der Mordplan, als er von Malcolms Nachfolge und Duncans geplantem Besuch erfährt und sofort nach Inverness eilt („The eye wink at the hand; yet let that be, / Which the eye fears, when it is done, to see." I, 4, l. 52). Dessen ungeachtet will Macbeth zunächst „in dieser Angelegenheit nicht fortfahren"

TATEN MACBETHS	GEDANKEN MACBETHS
	(vgl. I, 7, l. 32) und es bedarf Lady Macbeths rhetorischen Geschicks und guter Kenntnis ihres Gatten, um ihn zu dem Mord zu bewegen. Kurz vor der Tat hat Macbeth die erste Dolchvision (II, 1, l. 33), die der Zuschauer durch einen langen Monolog miterlebt. Hier wird seine Besessenheit deutlich, denn der Dolch, ein Objekt seiner Phantasie, weist ihm den Weg zur Schlafkammer Duncans. Schnell wird ihm bewusst, dass der Dolch Einbildung ist und auch sein Vorhaben assoziiert er mit höchst Bösen. Nach dem Mord scheint Macbeth wiederum schockiert und von Reue gezeichnet (II, 2). Er weiß, seine Schuld kann nie wieder „reingewaschen" werden (vgl. II, 2, ll. 59–62).
Macbeth beauftragt drei Männer mit dem Mord an seinem Freund Banquo und dessen Sohn Fleance. Fleance entkommt.	Macbeth ist zwar König, dennoch fühlt er sich in seiner Position nicht sicher. Er beschreibt sein psychisches Befinden und den Grund für den Mordauftrag selbst in einem langen Monolog: „To be thus is nothing, but to be safely thus: / Our fears in Banquo / Stick deep, and in his royalty of nature / Reigns that which would be fear'd: (...) . There is none but he / Whose being I do fear: and under him / and under him / My Genius is rebuk'd; (...) then, prophet-like, / They hail'd him father to a line of kings: / Upon my head they plac'd a fruitless crown (...). If't be so, / For Banquo's issue have I fil'd my mind; / For them the gracious Duncan have I murther'd; (...)" (III, 1, ll. 47–71) In einem Gespräch mit Lady Macbeth erwähnt er, dass ihn jede Nacht „terrible dreams" schütteln würden (III, 2, l. 17), dass sein Kopf „full of scorpions" sei (ebd. l. 36) und dass Dinge, die „böse" begonnen hätten, durch „Schlechtes" ihre

TATEN MACBETHS	GEDANKEN MACBETHS
	Stärke gewinnen würden (ebd. l. 55). Hier hat er sich bereits von seiner Gattin distanziert, die von seinen Plänen gegen Banquo nichts weiß und somit ihren anfänglichen Einfluss auf Macbeth verliert. Nach dem Mord erschüttert Macbeth die Erscheinung des Geistes Banquos während des Banketts und er ist nicht mehr in der Lage, seine Visionen von der Realität zu trennen (III, 4, l. 74). Macbeth kann sein Handeln nicht mehr frei bestimmen, er spricht mit dem Geist und redet sich ein, dieser sei nicht real. Er wird zum Opfer seiner Besessenheit und vertraut tragischerweise nur noch auf die Hexen, die den Anstoß für sein Übel gegeben haben.
Macbeth schickt Mörder zu Macduffs Burg, um dessen Frau und Kinder zu töten.	Zu dem Mord an der unschuldigen Familie Macduffs äußert sich Macbeth nicht explizit. Er sagt im Zusammenhang mit Macduffs Verweigerung seiner Einladung, dass er seltsame Dinge im Kopf habe, die ausgeführt werden müssten, ehe sie genauer erwogen werden könnten (III, 4, l. 138). Nach seinem erneuten Zusammentreffen mit den Hexen (IV, 1), das ihm keine deutlichen Aussagen über sein Schicksal gebracht hat, erfährt er, dass Macduff nach England geflohen ist, um gegen ihn zu rebellieren. In einem *aside* fasst er den Mordentschluss, der als Akt sinnloser Gewalt aus Verzweiflung heraus erscheint: „The castle of Macduff I will surprise; / Seize upon Fife; give to th'edge o'th'sword / His wife, his babes, and all unfortunate souls / That trace him in his line. No boasting like a fool; / This deed I'll do, before this purpose cool: (…)." (IV, 2, ll. 150–154) Im weiteren Verlauf des Dramas erwähnt Macbeth lediglich einmal und nur

TATEN MACBETHS	GEDANKEN MACBETHS
	implizit die Bluttat, als er Macduff im finalen Zweikampf gegenübersteht: „... But get thee back, my soul is too much charg'd / With blood of thine already." (V, 8, ll. 5–6). Es kann lediglich darüber spekuliert werden, ob diese Aussage Reue beinhaltet oder nur zur Provokation des Gegners gedacht ist.
Nachdem Macbeth durch den Mord an Duncan zur Krone gelangt ist, hält er seine Position durch Spionage und Täuschung.	Macbeths Spione und Täuschungsmanöver sind, wie Malcolm in seinem Gespräch mit Macduff erwähnt (IV, 3, ll. 117–121), bekannt und gefürchtet. Da Macbeth scheinbar nur auf diese Weise seine unrechtmäßige Herrschaft sichern kann, wird deutlich, dass er sich auf paranoide Weise als von Feinden umgeben betrachtet.

Absurdität des Lebens

Macbeths verbrecherische Taten und seine diesen entgegenwirkenden ausführlichen Reflexionen treiben ihn zuletzt in die stumpfe Verzweiflung, denn nicht einmal der Tod seiner ihm zuvor so nahe stehenden Gattin berührt ihn sonderlich tief. Charakteristischerweise ist er sich dessen auch bewusst, wenn er sagt: „I have almost forgot the taste of fears." (V, 5, l. 9); er hat sich an Gräueln „satt gegessen" (vgl. ebd.). Auf die Nachricht von ihrem Tod reagiert er mit den kargen Worten: „She should have died hereafter." (V, 5, l. 17). Der daran anschließende Monolog drückt nicht explizit Trauer aus, sondern seine Ansicht über die Absurdität des Lebens generell:

> „To-morrow, and to-morrow, and to-morrow / Creeps in this petty pace from day to day, / To the last syllable of recorded time; / And all our yesterdays have lighted fools / The way dusty death. Out, out, brief candle! / Life's but a walking shadow; a poor play-

er, / That struts and frets his hour upon the stage, / And then is heard no more: it is a tale / Told by an idiot, full of sound and fury, / Signifying nothing." (V, 5, ll. 19–28)

Lady Macbeth

Lady Macbeth erscheint zum ersten Mal in Akt I Szene 5, während sie Macbeths Brief über die Prophezeiungen und implizierte Zukunftsaussichten verliest. Der Brief stellt sie direkt und ohne lange Exposition an die Seite ihres Gatten („my dearest partner of greatness"; I, 5, ll. 9–10). Bereits an den ersten von ihr selbst gesprochenen Versen erkennt man, dass Lady Macbeth als Parallel- und Kontrastfigur zu Macbeth fungiert. Obwohl Macbeth seine Mordgedanken in dem Brief nicht erwähnt, kommen ihr diese samt seinen charakterlichen Schwierigkeiten sofort in den Sinn: „Glamis thou art, and Cawdor; and shalt be / What thou art promis'd. – Yet do I fear thy nature: / It is too full o'th'milk of human kindness / To catch the nearest way." (I, 5, ll. 14–16).

Lady Macbeth ist Macbeths Motivator

Lady Macbeth dient dem Protagonisten als Vertraute und Komplizin, mit der er seine Pläne besprechen und in die Tat umsetzen kann. Durch die genaue Kenntnis ihres Gatten kann sie seinen „Schwächen" entgegenwirken und seinen Ehrgeiz antreiben. Hierfür ruft sie zunächst ihre eigenen bösen Eigenschaften hervor, um dann damit auf die ihres Gatten einwirken zu können. Kurz entschlossen leert sie sich um der Macht willen selbst von allen menschlichen, positiven Eigenschaften und beschwört die teuflischen Mächte, sich ihrer anzunehmen:

„Come, you Spirits / That tend on mortal thoughts, unsex me here, / And fill me, from the crown to the toe, top-full / Of direst cruelty! make thick my blood, / Stop up th'access and passage to remorse; / That no compunctious visitings of Nature / Shake my fell purpose, no keep peace between / Th'effect and it! Come to my woman's breasts, / And take my milk for gall, you murth'ring ministers, / Wherever in your sightless substances / You wait on Nature's mischief!" (I, 5, ll. 38–48)

Repräsentiert die übernatürlichen Mächte des Bösen

Lady Macbeth repräsentiert die leitmotivischen übernatürlichen Mächte des Bösen als Figur innerhalb der Bühnengesellschaft. Die Ähnlichkeit zu den zwitterartigen Hexen ist auffällig (vgl. I, 3, ll. 39–47). Entscheidendes kontrastives Charaktermerkmal Lady Macbeths ist ihre Naivität und Kurzsichtigkeit. Sie drängt darauf, sofort und ohne Reflexion zu handeln, um als Königin unbeschränkte Macht und Herrschaft (vgl. I, 6, l. 68) zu erlangen. Für sie muss dem Begehren das Handeln folgen, weshalb sie ihren zu „menschlichen" Gatten aufgrund seiner Bedenken immer wieder verhöhnt, indem sie seine Männlichkeit in Frage stellt (vgl. I, 7, ll. 35–45). Als Macbeth aufgrund seiner mentalen Schwäche nach dem Mord an Duncan die Dolche mitnimmt, hat sie den Mut, diese zurückzubringen, um den Plan zu Ende zu bringen. Auffällig ist, dass Lady Macbeth in ihren rhetorischen Überredungsmaßnahmen (vgl. I, 7) an die leitmotivischen Argumentationsmuster der Hexen anknüpft („Fair is foul, and foul is fair."), indem sie für die Durchführung einer treu- und ehrlosen sowie feigen Tat Macbeths Liebe, Ehre und Männlichkeit beschwört. Auch dieses nach Elisabethanischen Vorstellungen umgekehrte Kräfteverhältnis zwischen Mann und Frau ist ein Symptom für die chaotischen Einflüsse des Bösen, die sich nach dem Mord in der gesamten Unordnung der Natur manifestieren.

Wahnsinn als Rache der Natur

Je mehr Macbeth im Laufe des Dramas an Dominanz gewinnt, desto mehr tritt seine Gattin in den Hintergrund. Macbeth ist nach dem Mord vollends besessen von den teuflischen Mächten, sodass er die Anleitung seiner Frau nicht mehr benötigt. Er isoliert sich von ihr und ihr Wahnsinn, die ironische Rache der Natur, kommt fast genauso plötzlich (V, 1) wie vorher ihre Beschwörung des Bösen.

Nur an wenigen Stellen im Drama erkennt man menschliche, gewissenhafte Züge Lady Macbeths, durch die man auf ein solches Ende schließen könnte. Beispiel hierfür ist ihre Aussage, dass sie Duncan selbst ermordet hätte, hätte er im Schlaf nicht ihrem Vater geähnelt (II, 2, ll. 12/13).

Banquo

Auch Banquo, der zweite schottische Heerführer, fungiert als Parallel- und Kontrastfigur zu Macbeth. Sein erster Auftritt verläuft parallel zu dem Macbeths, beide werden mit den Prophezeiungen der Hexen konfrontiert (I, 3). Während Macbeth jedoch auffällig hingerissen ist, zeigt sich Banquo als äußerst kritisch und unbeeinflussbar, denn weder erbittet er die Gunst der Hexen noch fürchtet er ihren Hass (I, 3, l. 61). Banquo zweifelt daran, dass der „Teufel" die „Wahrheit" sagen kann (I, 3, l. 107) und in weiser Voraussicht warnt er seinen Freund Macbeth vor zu schnellem Vertrauen: „... And oftentimes, to win us to our harm, / The instruments of Darkness tell us truth; / Win us with honest trifles, to betray's / In deepest consequence." (I, 3, ll. 123–126)

Kritisch und unbeeinflussbar

Während sich Macbeths Hinwendung zum Bösen und somit sein moralischer Fall zunehmend verstärkt, verändert sich Banquos rechtschaffener Charakter bis zu seinem Tode (III, 3) nicht. In der Mordnacht von König Duncan kann er nicht schlafen und erklärt seinem Sohn Fleance, es läge „heavy summons" (II, 1, l. 6) auf ihm. Er kämpft gegen den Einfluss der teuflischen Mächte an, indem er die „merciful Powers" (ebd.) anfleht, ihm die „verfluchten" Gedanken in seinen Träumen fern zu halten. Dieses steht in deutlichem Kontrast zu Macbeth und Lady Macbeth, die für ihre dunklen Absichten die Nacht und Dämonen beschwören. Als Macbeth Banquo

Banquo distanziert sich von Macbeth

Ehre verspricht, wenn er sich an seinen Rat halte, distanziert sich der ehrenhafte und weise Banquo von Macbeth mit eindeutigen Worten: „So I lose none [honour] / In seeking to augment it, but still keep / My bosom franchis'd, and allegiance clear, / I shall be counsell'd.“ (II, 1, ll. 26–29)

Banquo besitzt die königlichen Tugenden, die Macbeth fürchtet (III, 1, l. 53). Seine fatale Schwäche liegt jedoch in seiner Passivität. Obwohl er Macbeths Prophezeiungen und dessen intensive Reaktion darauf als Einziger genau miterlebt und gedeutet hat, berichtet er niemandem davon und behält seine Zweifel für sich. Unmittelbar nach der Krönung Macbeths wird dieses in einem kurzen Monolog deutlich: „Thou hast it now, King, Cawdor, Glamis, all, / As the Weïrd Woman promis'd: and, I fear, / Thou play'dst most foully for't ... But, hush; no more.“ (III, 1, ll. 1–10) Dieses Schweigen kostet ihn sein Leben, denn bis zuletzt kommt ihm nicht der Gedanke, dass aufgrund der seine Nachkommenschaft betreffenden Prophezeiungen sein eigenes Leben in Gefahr sein könnte. Erst bei seiner Ermordung erkennt er den höllischen Verrat Macbeths (III, 3, l. 17) und seine Gutmütigkeit erweist sich gleichzeitig als äußerst naiv.

Passivität Banquos: Schweigen kostet ihm das Leben

Zuletzt ist es Banquos Geist, der Macbeth und seine Gattin an dem Bankettabend daran hindert, den adligen Gästen eine königliche Ordnung vorzuheucheln. Seine stumme, von dem brutalen Mord gekennzeichnete Erscheinung (III, 4, ll. 49/50) bringt den neuen König aus der Fassung und ruft Skepsis aufseiten der Untertanen hervor.

König Duncan

Ehrenhaft und vom Volk geschätzt

Duncan ist ein ehrenhaftes und von seinem Volk höchst geschätztes Staatsoberhaupt, was sein Verhalten gegenüber Macbeth demonstriert. Kurz nachdem er von dessen Heldentaten auf dem Schlachtfeld erfahren hat, belohnt er seinen Vetter mit dem Titel des Verräters Cawdor (I, 2, l. 65). Er setzt höchstes Vertrauen in seine Untertanen und ist sichtlich enttäuscht, als dieses missbraucht worden ist (I, 4, ll. 12–14). Dennoch behält er seine Großzügigkeit und seinen Idealismus, denn auch in Macbeth setzt er regelrecht unterwürfig blindes Vertrauen:

> „O worthiest cousin! / The sin of my ingratitude even now / Was heavy on me. Thou art so far before, / That swiftest wing of recompense is slow / To overtake thee: would thou hadst less deserv'd, / That the proportion both of thanks and payment / Might have been mine! only I have left to say, / More is thy due than more than all can pay." (I, 4, ll. 14–21)

Most sainted King

Obwohl es die höchste Ehre für einen Untertanen ist, wenn der König sein Schloss besucht, plant Duncan bei seiner Ankunft vor der Burg Macbeths mit seinen „Gunstbeweisen" fortzufahren: „... And shall continue our graces towards him." (I, 6, l. 30) Obwohl Duncan nur im ersten Akt auftritt, ist er im Verlauf des Dramas stets als normgebendes Exempel eines Königs gegenwärtig. Macduff nennt ihn einen „most sainted King" (IV, 3, l. 109) und sogar Macbeth, sein Mörder, weiß um dessen Güte (III, 1, l. 65) und die Grausamkeit seiner Tat.

Malcolm

Rechtmäßiger Nachfolger mit königlichen Tugenden

In Duncans Sohn Malcolm, dem rechtmäßigen Nachfolger, lassen sich Duncans königliche Tugenden wiedererkennen. Malcolm ist schlau, denn er ahnt unmittelbar nach dem Mord an seinem Vater, dass ein höchst schändlicher Verrat begangen worden ist und sein Leben sowie das seines Bruders Donalbain in Gefahr ist (II, 3, ll. 134–139). Auch in der Szene, in welcher Macduff ihn zur Rebellion gegen Macbeth veranlassen will, zeigt Malcolm rhetorisches Geschick und Klugheit, denn er hat aus den Fehlern seines Vaters gelernt und testet Macduffs Vertrauenswürdigkeit, bevor er sich ihm anschließt. Malcolms Schlussrede verweist auf den Beginn des Dramas und symbolisiert die wiederhergestellte Ordnung. Wie sein Vater Duncan belohnt er zuerst seine Untertanen für ihre tapfere Unterstützung bei dem Kampf gegen den Tyrannen. Dem Elisabethanischen Weltbild entsprechend wird Malcolm „by the grace of Grace“ (V, 9, l. 38) regieren.

Symbolisiert die wiederhergestellte Ordnung

Macduff

Funktion des Antagonisten

Macduff hat die klassische Funktion des Antagonisten. Bereits sein erster Auftritt unmittelbar nach dem Mord (II, 3) wird durch das beständige Klopfen am Tor spannungsreich eingeleitet. Nach erstem Entsetzen über das verräterische Verbrechen (II, 3, ll. 65–74) wird er immer wortkarger und stellt Macbeths angebliche Reaktion auf den Königsmord, seinen unüberlegten Mord an den Kammerdienern, in Frage („Wherefore did you so?“ II, 3, l. 101). Macduff gibt sich deutlich als Oppositioneller Macbeths zu erkennen, als er nicht zur Krönung nach Scone geht (II, 4, l. 36) und darüber hinaus Macbeths Einladung zum königlichen Bankett verweigert (III, 4, l. 127). Diese Handlungen Macduffs lassen erkennen, dass er Macbeth misstraut. Er legt Macbeth gegenüber keine falsche Freundlichkeit an den Tag und flüchtet nach England, um mit dem rechtmäßigen König Malcolm gegen den Tyrannen zu kämpfen. Somit erweist er sich als ehrlich, entschlossen, unbestechlich, und äußerst loyal. In seinem Gespräch mit Malcolm wird deutlich, dass er ein Mann der Taten und nicht der Worte ist: „Let us rather / Hold fast the mortal sword, and like good men / Bestride our downfall birthdom.“ (IV, 3, ll. 2–4)

Ehrlich, entschlossen, unbestechlich, und loyal

Macduffs intensiver Sinn für Gerechtigkeit spiegelt sich in der Tatsache, dass er bei seiner Flucht nach England Frau und Kinder zurücklässt und es nicht in Erwägung zieht, dass Macbeth diesen etwas antun könnte. Durch seine Rechtschaffenheit und mentale Stärke kann er die Verzweiflung über den Mord an seiner Familie in Hass und Verlangen nach rechtmäßiger Rache umleiten und den Tyrannen Macbeth im Zweikampf besiegen.

Personenkonstellationen

Die Bühnengesellschaft des Macbeth repräsentiert die wirkliche Elisabethanische Gesellschaft in ihren wichtigen Funktionsmitgliedern, sodass gesellschaftspolitische Ereignisse und ihre Auswirkungen auf das gesamte System dargestellt werden können. Politisch-gesellschaftliche Funktionen sowie Verwandtschaftsverhältnisse innerhalb der „dramatis personae“ führen zum Überlappen von staatlichen und familiären Ereignissen und zu bestimmten Figurenkonstellationen, insbesondere zu Zweierkonstellationen, die zur Spiegelung von charakterlichen Parallelen und Kontrasten genutzt werden.

Macbeth werden in dieser Funktion hauptsächlich Zweierkonstellationen mit Lady Macbeth, Banquo, Duncan, Malcolm und Macduff zugeordnet. Macbeth ist ein komplexer Charakter, der von Beginn an das Grauen seiner eigenen Taten und die fatale Konsequenz seines ungezügelten Ehrgeizes durchschaut, sich selbst tragischerweise jedoch nicht Einhalt gebieten kann. Banquo, ebenso heldenhaft wie Macbeth im Feld, kontrastiert diesen Charakterfehler, denn er bleibt gemäßigt, obwohl auch ihm Königliches prophezeit wurde. Lady Macbeth repräsentiert mit ihrer „Entweiblichung“ die Folgen des Rollentauschs zwischen Ehemann und Ehefrau, der notwendig zum Chaos führt, da die Ordnung gottgegeben ist. Duncan ist der geliebte und rechtmäßig regierende König mit Vorbildfunktion, allerdings wird seine naive Gutgläubigkeit zuletzt durch

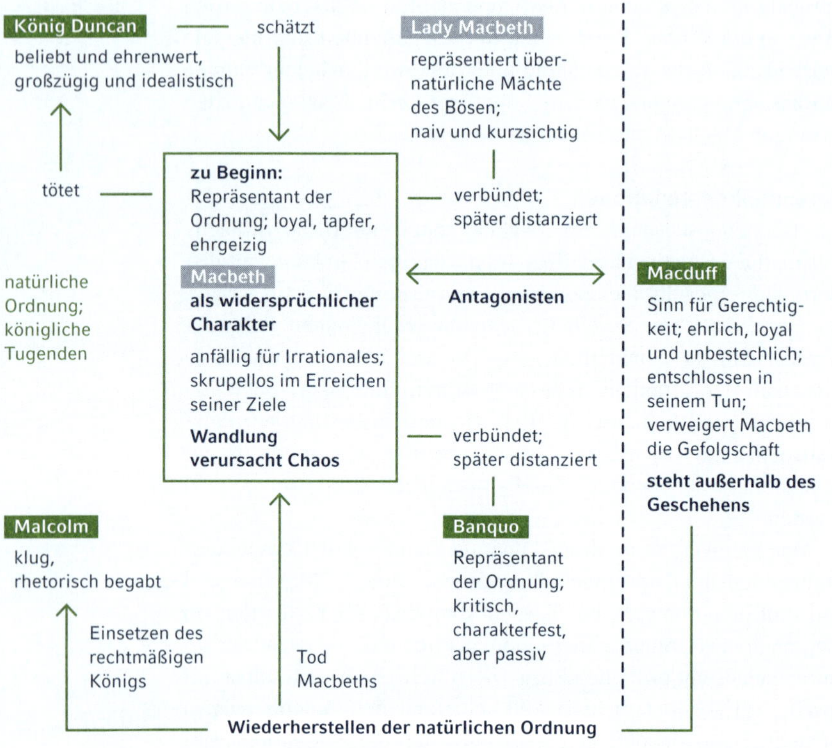

die weisen Handlungen seines Sohnes Malcolm herausgehoben, der aus den Fehlern seines Vaters gelernt hat.

Macbeth/Lady Macbeth:

Lady Macbeth ist **Parallel- und Kontrastfigur** zu Macbeth, die sofort die Königswürde mittels Mord beabsichtigt und Macbeth dahingehend beeinflusst. Die zur Schau gestellte und beschwörte Stärke ist jedoch auch bei ihr nicht natürlich, sie selbst kann Duncan nicht ermorden, da er ihrem Vater ähnelt. Später wird sie von ihrem Gewissen in den Wahn und Tod getrieben.

Macbeth/Banquo:

Banquo ist ebenfalls Parallel- und Kontrastfigur zu Macbeth, da er den gleichen Einflüssen durch die Hexenprophezeiungen unterliegt, dessen rechtschaffener und loyaler Charakter verändert sich jedoch nicht. Banquo besitzt die königlichen Tugenden, die Macbeth fürchtet, ist jedoch fatalerweise Opfer seiner Passivität.

Macbeth/Duncan:

Duncan ist auch als Parallel- und Kontrastfigur zu Macbeth konzipiert, da er ein ehrenhaftes und vom Volk geschätztes Staatsoberhaupt ist. Er setzt höchstes Vertrauen in seine Untertanen, ist idealistisch und großzügig und hat als erfahrener König eine lange Regentschaft hinter sich. Er gilt als Königsnorm, von der sich Macbeth als unrechtmäßiger Despot negativ abhebt.

Macbeth/Malcolm:

Malcolm spiegelt ebenso als Parallel- und Kontrastfigur die königlichen Tugenden seines Vaters wider. Er ist schlau, testet die Aufrichtigkeit seiner Untertanen und symbolisiert damit zuletzt die wiederhergestellte Ordnung.

Macbeth/Macduff:

Macduff ist der Antagonist zu Macbeth. Er stellt von Beginn an Macbeths Taten in Frage und distanziert sich vom allgemeinen Geschehen. Er bleibt bereits der Krönung Macbeths fern und macht sich offenkundig zum Oppositionellen, womit er sich – kontrastiv zu

Macbeth – als dem Recht gegenüber unbestechlicher und loyaler Mann der Taten erweist.

Bühnengesellschaft

Hierarchie der Bühnengesellschaft

Dem monarchischen System entsprechend ist die Ordnung der Bühnengesellschaft hierarchisch gegliedert. An der Spitze der Pyramide steht der König Duncan, der im Laufe des Dramas bei der Ausübung seiner Funktionen gezeigt wird (I, Szene 2, Szene 4 und Szene 6). Unter ihm stehen die nah verwandten Adligen, die für ei-

Bühnengesellschaft des *Macbeth* ⍰ hierarchische Ordnung

ne Nachfolge in Frage kommen, Malcolm, Donalbain, Macbeth und Banquo. Hierbei ist bemerkenswert, dass in der Personenangabe des Theaterstücks die Söhne vor Macbeth und Banquo stehen: die natürliche Ordnung ist hier schon sichtbar. Die nächstniedere Stufe bilden die übrigen schottischen Adligen, deren wichtigste Vertreter Macduff und Lenox sind. Bedienstete, Boten und Soldaten bilden die Schicht der Befehlsempfänger. Auffällig ist das Fehlen der gesellschaftlichen Mittelschicht, des Bürgertums. Das gemeine Volk, das nicht in den Diensten des Adels steht, wird lediglich vereinzelt durch einen alten Mann (II, 4) und durch einen Lord (III, 6) repräsentiert. Hier erfüllt der Mann eine wichtige dramatische Funktion, er berichtet von den chaotischen Auswirkungen des Königsmordes auf das gesamte Land.

Überlappen von staatlichen und familiären Ereignissen

Die Beziehungen der einzelnen Figuren sind jedoch nicht nur durch ihre politisch-gesellschaftlichen Funktionen gekennzeichnet, sondern auch durch Verwandtschaft. Hieraus ergeben sich, neben dem Überlappen von staatlichen und familiären Ereignissen, die einzelnen Figurengruppierungen innerhalb der Bühnengesellschaft, zumeist Zweierkonstellationen, wie beispielsweise Macbeth und Lady Macbeth, Malcolm und Donalbain, Banquo und Fleance. Die Bildung von Figurenpaaren dient zum einen der Verstärkung der figurenspezifischen dramatischen Funktion und der Dialoggestaltung. Zum anderen lassen sich anhand der Zweierkonstellationen Parallelen und Kontraste gestalten, die für die Entfaltung der einzelnen Charakterprofile und den dramatischen Effekt bedeutsam sind. Neben den Zweier- gibt es auch Dreierkonstellationen, wie beispielsweise die drei Hexen, die drei Mörder oder die drei Erscheinungen. Auffällig ist hierbei, dass sich die Dreiergruppierungen zumeist auf der außergesellschaftlichen Seite befinden. Es gibt jedoch auch Szenen, in denen die Kombination von drei Figuren für die Plotstruktur entscheidend ist. Beispiele hierfür sind die Staatszene (I, 4), in der Duncan und der zu seinem Nachfolger designierte Malcolm Macbeth den prophezeiten Weg zur Krone versperren, und die Schlafwandelszene (V, 1), in der Arzt und Kammerfrau parallel als Vertreter der rechtmäßigen Ordnung der schlafwandelnden Lady Macbeth gegenüberstehen.

3.5 Sachliche und sprachliche Erläuterungen

Akt I[12]

Szene 1		
I. 8	**Graymalkin**	Name einer grauen Katze. Katzen, Kröten, Affen oder Hunde sind die häufigsten Erscheinungsformen jener Dämonen, die Hexen bei ihren Ritualen assistieren.
I. 11	**Fair is foul (...)**	Mit dem Paradox „fair is foul" wird das die ganze Tragödie durchziehende Thema von der Umkehr von Gut und Böse formuliert.
Szene 2		
I. 9	**Macdonwald**	ein Schotte, der auf der Seite der Norweger kämpft.
I. 11	**Kernes and Gallowglasses**	Macdonwald wird von leicht bewaffneten irischen Fußsoldaten (Kerner) und schwer bewaffneten Soldaten der Inseln westlich von Schottland, i. e. der Hebriden und Irland (Galloglassen), unterstützt.
I. 24	**valiant cousin**	Macbeth und Duncan waren beide Enkel König Malcoms.
II. 40–41	**Golgotha**	Golgatha ist der Ort, an dem Jesus gekreuzigt wurde.
I. 50	**Norweyan banners**	Der Anblick der norwegischen Fahnen erfüllt die Schotten mit Furcht. Dies war die Situation, bevor Macbeth in die Schlacht eingriff.
I. 55	**Bellona's bridegroom**	Bellona ist die römische Göttin des Krieges. Macbeth wird hier als der ihr frisch angetraute Ehemann bezeichnet (Bedeutung: ein tapferer Soldat).

---

12 Vgl. Shakespeare, William: *Macbeth*. Englisch und Deutsch. Übersetzt und herausgegeben von Barbara Rojahn-Deyk. Stuttgart: Philipp Reclam jun., 1996. (Reclam-Universalbibliothek Nr. 9870) sowie die verwendete einsprachige Textausgabe, a.a.O.

l. 63	**Saint Colme's Inch**	„St. Columba's Island"; heute heißt die kleine Insel in der Nähe von Schottland Inchcolm.
l. 67	**with his former title greet Macbeth**	Wenn ein Than starb, wurde sein Titel oftmals an einen nahe stehende Verwandten weitergegeben. Hier soll Macbeth den Titel erhalten.
Szene 3		
l. 7	**Tiger**	Name des Schiffes.
l. 8	**in a sieve**	Die Hexe plant in einem Sieb zu segeln, mit dem ein Mensch normalerweise untergehen würde.
l. 9	**like a rat without a tail**	Hexen konnten sich in Tiere verwandeln, aber kein Teil ihres Körpers konnte ein Tierschwanz werden.
l. 10	**I'll do**	Wie eine Ratte will die Hexe das Schiff anknabbern.
l. 20	**upon his penthouse lid**	Wie von einem Vordach wird das Lid von der Augenbraue abgeschirmt.
l. 35	**Thrice**	ungerade Zahlen; als „magisch" wurden besonders die Drei und die Neun angesehen.
l. 71	**Sinel's death**	Sinel ist der Name von Macbeths Vater. Den Titel „Thane of Glamis" erhält er nach Sinels Tod.
l. 84	**insane rootl**	Wurzel, die beim Verzehr Wahnsinn hervorrufen kann: z. B. Schierling, Bilsenkraut oder Nachtschatten.
l. 104	**earnest**	Der Titel des Thans von Cawdor ist eine Ehre, die lediglich als Belohnung gilt und weitere Ehren verspricht.
l. 124	**The instruments of Darkness**	Gemeint sind die Hexen.
l. 135	**Whose horrid image**	Gemeint ist die Möglichkeit des Mordes an König Duncan.
ll. 139–142	**My thought (...)**	Macbeth spricht von seinen Gedanken, die von nun an seine Kräfte und Handlungen bewegen.

Szene 4		
ll. 7–11	**Nothing in his life ...**	Obwohl der Than von Cawdor ein Verräter war, ist er ehrenhaft gestorben. Hinweis auf das Leitmotiv der Umkehr aller Werte („Fair is foul, and foul is fair.“).
ll. 39	**Prince of Cumberland**	Der nächste in der Thronfolge des schottischen Königs trug zu Lebzeiten des herrschenden Königs den Titel „Prince of Cumberland“, das Schottland zu der Zeit von England gepachtet hatte.
Szene 5		
l. 1	**They**	Gemeint sind die Hexen.
ll. 22–28	**the golden round**	Gemeint sind die Krone, die Macbeth anstrebt, und der Mord, den zu begehen er fürchtet.
l. 38	**The raven himself is hoarse**	Ein geläufiger Aberglaube war es, dass man meinte, wenn ein Rabe auf einem Haus saß und krächzte, ständen Unheil und Tod bevor. Hier ist die Atmosphäre so voll von Tod, dass der Rabe vom Krächzen heiser ist.
ll. 40–48	**Come, you Spirits ...**	Lady Macbeth beschwört jene Dämonen, welche die Menschen zu Gotteslästerung, Mord oder anderen Grausamkeiten anstacheln.
l. 51	**the blanket of the dark**	Gemeint ist die Nacht, deren Dunkelheit den Mord an Duncan verbergen soll. Lady Macbeth betet, dass der Himmel kein Licht in diese Dunkelheit bringen und die teuflische Tat enthüllen werde.
Szene 6		
l. 3	**guest of summer**	Gemeint ist die Hausschwalbe, die sich ihr Nest aus Schlamm und Stroh an den Außenmauern eines Hauses baut. In I, 6, l. 8 („pendent bed, and procreant cradle“) bezieht sich Banquo auf dieses Nest.

I. 20	**hermits**	Eremiten (Bedeutung: Wir werden wie Einsiedler für euch beten.)
Szene 7		
I. 22	**heaven's Cherubins**	Engel.
I. 42	**ornament of life**	Gemeint ist hier die Krone.
I. 44	**poor cat**	Anspielung auf das Sprichwort, nach dem die Katzen zwar Fische fangen, jedoch nicht ihre Pfoten nass machen möchte.

Akt II

Szene 1		
I. 4	**husbandry in heaven**	Die Sterne scheinen nicht, es ist dunkel.
I. 32	**strike upon the bell**	Dies ist ein Signal, das Macbeth und seine Gattin zuvor vereinbart haben.
I. 42	**the way that I was going**	zu Duncans Schlafkammer.
I. 49	**one half-world**	die Kontinente, in denen Nacht ist.
I. 51	**curtain'd sleep**	Schlaf wird hier als „verhängt“ bezeichnet, da Betten allgemein von Vorhängen umhängt waren.
I. 55	**Tarquin's**	Anspielung auf die römische Geschichte der Lucretia, die von Prinz Sextus Tarquinius (Livius, I, 57–59) vergewaltigt wurde und sich daraufhin das Leben nahm. Shakespeare bearbeitete dieses Motiv auch in dem Gedicht *The Rape of Lucrece*, 1594.
Szene 2		
I. 2	**Hark**	Horch! Macbeth ist dabei Duncan zu ermorden.
I. 9	**they**	die Kammerdiener

l. 11	**their daggers**	Gemeint sind die Dolche der Kammerdiener, die Macbeth für den Mord benutzen soll, sodass der Verdacht auf die Bediensteten fällt.
l. 20	**sorry sight**	Ein trauriger Anblick: Macbeths Hände sind mit Duncans Blut beschmiert.
l. 35	**Macbeth does murther Sleep**	Macbeth hört eine „innere Stimme": Durch die Ermordung Duncans habe er den Schlaf selbst ermordet und es wird im prophezeit, dass er nie wieder schlafen kann.
l. 46	**this filthy witness**	Dieses schmutzige Zeugnis (Das Blut an seinen Händen, das Beweis für den Mord ist).
Szene 3		
l. 4	**Belzebub**	Name für den Teufel.
l. 10	**who committed treason enough**	Zur Zeit Shakespeares wurde allgemein gefürchtet, dass der protestantische König James I. durch die römisch-katholische Kirche gestürzt werden würde. Der Pförtner meint hier jemanden, der sein Land aufgrund seiner Religion verraten hat.
l. 17	**the primrose way**	Freudenpfad; gemeint ist der Pfad des Vergnügens, der nicht wie der tugendhafte Pfad in den Himmel, sondern in die Hölle führt.
l. 66	**Gorgon**	griechische Mythologie: Ein Gorgon ist ein weibliches Ungeheuer mit Schlangenhaaren, das jeden versteinert, der es anblickt. Medusa war eines der insgesamt drei Gorgonen.
Szene 4		
l. 7	**strangles**	Die Sonne wird durch die Dunkelheit der Nacht erstickt (Stil, Bildebene; vgl. S. 95).
ll. 12–13	**A falcon ... kill'd**	Die Falkenjagd war ein beliebter Sport in England. Die Falken wurden trainiert, in hohen Kreisen zu fliegen und von dem höchsten Punkt aus mit hoher Geschwindigkeit auf das gejagte Tier niederzuschießen. Hier wird jedoch der

		Falke durch eine „mäusejagende Eule" getötet, ein Symptom für das Chaos in Natur und Staat.
l. 29	**Thine own life's means!**	Die Mittel deines eigenen Lebens. Rosse glaubt zunächst, dass der König von seinen zwei Söhne ermordet worden ist. Der König ist das Mittel ihres Lebens und ihr Ehrgeiz hat somit seinen eigenen Ursprung zerstört.
l. 31	**Scone**	In Scone (in der Nähe von Perth) wurden die schottischen Könige gekrönt.
l. 33	**Colme-kill**	Heute Iona, eine kleine Insel vor der Westküste Schottlands, auf der die historische Grabstätte der schottischen Könige war.
l.36	**Fife:**	County von Schottland.

Akt III

Szene 1

l. 29	**our bloody cousins**	Gemeint sind Malcolm und Donalbain, die Macbeth durch rhetorisches Geschick mit der Bluttat in Verbindung bringt.
l. 61	**sceptre**	Zepter; wie die Krone ein symbolischer Gegenstand des Königs.
l. 67	**eternal jewel**	Unsterbliches Juwel; gemeint ist seine Seele.
l. 68	**common Enemy of man**	Gemeint ist der Teufel.
l. 91	**catalogue:**	Eine Liste, in der die Eigenschaften und der Wert bestimmter Dinge oder Tiere angegeben ist.

Szene 4

l. 45	**The table's full.**	Macbeth sieht als Einziger den Geist Banquos und glaubt somit, alle Plätze am Tisch sind besetzt.

I. 80	**With twenty mortal murthers**	Eine der zwanzig Wunden hätte für den Mord ausgereicht.
Szene 5		
Diese Szene wurde wahrscheinlich nicht von Shakespeare geschrieben.		
I. 11	**a wayward son**	grimmiger Sohn; gemeint ist Macbeth.
I. 15	**Acheron**	griechische Mythologie: Der Fluss der Unterwelt.
Szene 6		
I. 27	**Edward**	Gemeint ist Edward the Confessor.
I. 31	**Northumberland**	Graf von Northumberland.

Akt IV

Szene 1		
I. 112	**spirit of Banquo**	Die letzte der Erscheinungen zeigt Banquos königliche Nachkommenschaft. Es wird generell vermutet, dass es sich hierbei um eine Anspielung auf das Königshaus der Stuarts handelt. James I., VI. von Schottland, war zur Entstehungszeit des *Macbeth* König von England und leitete die Stuart-Ära ein.
Szene 3		
I. 98	**sweet milk of concord**	Milch ist eine Metapher für Frieden.

Akt V

Szene 1		
I. 40	**had a wife**	Gemeint ist Lady Macduff. In ihrem Wahnsinn enthüllt Lady Macbeth ihre Schuld.

Szene 3		
l. 8	**English epicures**	Epikureer sind in erster Linie die Anhänger des griechischen Philosophen Epikur (341–271 v. Chr.). Seit der römischen Zeit werden in negativer Ausrichtung des Begriffes „Sinnesmenschen" als Epikureer bezeichnet. Die Schotten spielen hier auf die Genusssüchtigkeit der Engländer an.
l. 20	**Seyton**	Macbeth ruft einen vertrauenswürdigeren Diener: Seyton.
l. 51	**water of my land**	Hier wird eine Urinuntersuchung veranlasst; Schottland wird metaphorisch als kranker Mann dargestellt. Dies ist auf den ideologischen Hintergrund, den Zusammenhang von Mikro- und Makrokosmos, zurückzuführen.
Szene 7		
l. 1	**tied me to a stake**	Macbeth vergleicht sich selbst mit einem an einen Pfosten gebundenen Bären im Bärenkampf, einem populären Spektakel zur Shakespeare-Zeit.
Szene 8		
l. 1	**the Roman fool**	Bedeutung: Selbstmord begehen wie beispielsweise Brutus oder Antonius, die sich mit ihren eigenen Schwertern getötet haben.

Vokabeln zur Interpretation von *Macbeth* (Englisch – Deutsch)

Nachfolgende Vokabeln und Wendungen sollen eine Hilfestellung beim Übersetzen und Verstehen der englischsprachigen Texte sein:

THEME	THEMA
The tragedy of *Macbeth* concerns a great person – the hero – who through some weakness of character falls from grace, endures intense sufferings and who inevitably dies.	Die Tragödie *Macbeth* handelt von einer großen Person – dem Helden –, die durch eine bestimmte charakterliche Schwäche von ihrer Gnadenposition fällt, starke Leiden erträgt und deren Tod unvermeidlich ist.
The hero's weakness is ambition.	Die Schwäche des Helden ist Ehrgeiz.
The play presents the rise of Macbeth to power and the fall.	Das Drama präsentiert den Aufstieg Macbeths zur Macht und seinen Fall.
Major themes of the play are ambition, courage, appearance and reality, order and disorder, fear, evil, tyranny, guilt and conscience, isolation and despair.	Hauptthemen des Stückes sind Ehrgeiz, Mut, Schein und Sein, Ordnung und Unordnung, Angst, das Böse, Tyrannei, Schuld und Gewissen, Isolation und Verzweiflung.
The play explores the issue of kingship and loyalty.	Das Drama untersucht das Wesen des Königtums und der Treue.
Macbeth deals with questions of the role of the monarch and the duties of his subjects towards him.	*Macbeth* handelt von Fragen über die Rolle des Monarchen und über die ihm zu erweisenden Pflichten seiner Untertanen.
Another main theme of *Macbeth* is the destruction and re-establishment of the natural order	Ein weiteres Hauptthema des *Macbeth* ist die Zerstörung und Wiederherstellung der natürlichen Ordnung.
Evil is presented in form of human guilt and conscience.	Das Böse wird in der Form von menschlicher Schuld und Sühne dargestellt.
The supernatural, and witchcraft in particular, are thematically important.	Das Übernatürliche, insbesondere die Hexerei, ist thematisch wichtig.

FORM/STRUCTURE	FORM/AUFBAU
Macbeth is composed of five acts each of them having a certain function.	*Macbeth* besteht aus fünf Akten, von denen jeder einzelne eine bestimmte Funktion hat.
Act I serves as exposition, Act II and III present the rising action.	Akt I dient zur Exposition, Akt II und III stellen die steigende Handlung dar.
The crisis in III, 3 forms the turning-point of the action which falls again.	Die Krisis in III, 3 markiert den Wendepunkt der Handlung, die wieder fällt.
Act V presents the final catastrophe and the conclusion of the play.	Akt V präsentiert die finale Katastrophe und das Ende des Dramas.
There's just one plot in *Macbeth*.	Im *Macbeth* gibt es nur einen Handlungsstrang.
As a tragedy in the Elizabethan sense the play should both teach and delight.	Als Tragödie im Elisabethanischen Sinne soll das Drama sowohl lehren als auch unterhalten.
What Macbeth does in the first half of the play returns to haunt him afterwards.	Das, was Macbeth in der ersten Hälfte des Stückes tut, kehrt anschließend zurück, um ihn zu jagen.
CHARACTERS	CHARAKTERISTIKEN
The characters represent Elizabethan hierarchical society in its leading members.	Die Figuren repräsentieren die Elisabethanische hierarchisch gegliederte Gesellschaft in ihren führenden Mitgliedern.
Macbeth is a complex character.	Macbeth ist ein komplexer Charakter.
A main characteristic of Macbeth is his strong imagination which contradicts to his ambition.	Ein wesentliches Merkmal Macbeths ist seine Einbildungskraft, die seinem Ehrgeiz widerspricht.
Although Macbeth's conscience is strong he is too easily influenced in the direction he secretly desires to go.	Obwohl Macbeth ein ausgeprägtes Gewissen hat, ist er zu leicht zur Erfüllung seiner geheimen Wünsche zu bewegen.

CHARACTERS	CHARAKTERISTIKEN
Macbeth is tempted to do evil and Lady Macbeth is his human agent.	Macbeth wird dazu verführt, Böses zu tun, und Lady Macbeth ist seine menschliche Gehilfin.
Macbeth trusts his wife whose temptation is complete.	Macbeth vertraut seiner Frau, deren Versuchung nicht zu entkommen ist.
In the end Lady Macbeth is completely isolated.	Am Ende ist Lady Macbeth vollständig isoliert.
Lady Macbeth can be interpreted as a personification of evil.	Lady Macbeth kann man als das personifizierte Böse interpretieren.
Banquo's reaction to the witches' prophecies contradicts to the one of Macbeth.	Banquos Reaktion auf die Prophezeiungen der Hexen widerspricht der von Macbeth.
Contrary to Macbeth Banquo is a honourable and loyal character.	Im Gegensatz zu Macbeth ist Banquo ein ehrenhafter und treuer Charakter.
The contrast between Banquo and Macbeth is thematically essential to the exploration of the idea of evil, temptation and free will.	Der Kontrast zwischen Banquo und Macbeth ist thematisch bedeutsam für die Entwicklung des Konzeptes des Bösen, der Versuchung und des freien Willens.
Duncan represents the God-given order.	Duncan repräsentiert die von Gott gegebene Ordnung.
Duncan's influence pervades the play since he sets the standards for what a king should be.	Duncans Einfluss durchzieht das Stück, da er den Standard für den idealen König setzt.
Duncan is generous to his noblemen.	Duncan ist seinen Untertanen gegenüber großzügig.
Duncan represents the royal virtues Macbeth lacks.	Duncan repräsentiert die königlichen Tugenden, die Macbeth fehlen.
Duncan's successor Malcolm re-establishes justice and order.	Duncans Nachfolger Malcolm stellt Gerechtigkeit und Ordnung wieder her.
It is Macduff who discovers Duncan's murdered body.	Es ist Macduff, der den ermordeten Körper Duncans entdeckt.

CHARACTERS	CHARAKTERISTIKEN
Macduff avenges the murder of his family and kills Macbeth in a final duel.	Macduff rächt den Mord an seiner Familie und tötet Macbeth in einem finalen Zweikampf.
STYLE/LANGUAGE	**STIL/SPRACHE**
Shakespearean drama is rhetoric drama.	Shakespeare'sches Drama ist Sprachdrama.
Most of the play is written in blank verse.	Der größte Teil des Dramas ist im Blankvers verfasst.
Blank verse can be used in the form of simple statement, in skilful dialectic between characters or in impassioned soliloquies.	Blankvers kann in einfachen Aussagen, künstlerischen Kontroversen zwischen Figuren oder in Selbstgesprächen verwendet werden.
Prose is used in several scenes.	Prosa wird in vielen Szenen verwendet.
Dramatic irony and the use of antithesis are important stylistic devices.	Wichtige Stilmittel sind dramatische Ironie und Antithetik.
Macbeth is rich in imagery.	*Macbeth* ist reich an Metaphorik.
Vivid words and phrases conjure up emotionally charged mental pictures and carry powerful significance, far deeper than their surface meanings.	Lebhafte Wörter und Phrasen erzeugen emotional aufgeheizte Gedankenbilder und sind von hoher Bedeutung, die weit hinter die oberflächlichen Aussagen reicht.
Central motifs are theatre and acting, clothes and appearance versus reality.	Zentrale Motive sind Theater und Schauspielerei, Kleidung und Schein vs. Sein.
A basic stylistic device are personifications of motifs such as sleep, death, ambition, murder, evil, honour, fate or conscience.	Ein wichtiges Stilmittel sind Personifikationen von Motiven wie Schlaf, Tod, Ehrgeiz, Mord, dem Bösen, Ehre, Schicksal oder Gewissen.

3.6 Stil und Sprache

ZUSAMMENFASSUNG

Shakespeares Dramen sind in erster Linie **Sprachdramen**, in denen die Sprache die Bewegung liefert und Figuren fast nur Sprecher sind und ihre Position nicht verändern. Durch Sprache wird zum einen der Handlungsverlauf vermittelt (Dialog, Brief, Boten) und zum anderen werden Signale über die mentale Verfassung der Figuren (Monolog, Regieanweisung: *aside*) sowie über Ort und Zeit des Geschehens (abgesehen von Bühnenrequisiten wie Fackeln oder Kleidung) gegeben. Der recht spärliche Nebentext gibt hauptsächlich über das Auf- und Abtreten der Figuren Auskunft, hin und wieder sind Ortsangaben zu finden. Merkmale der dramatischen Sprache Shakespeares ist die Versform, der Blankvers, die Verwendung der „dramatic irony" (Leitmotiv „Schein vs. Sein") sowie die Bildersprache (komplexe Metaphorik und Verwendung von „extended metaphors", jene Metaphern, die sich über mehrere Zeilen und Bildebenen hinaus „ausbreiten").

Versform

Unter Blankvers (engl. blank verse) versteht man einen reimlosen fünfhebigen Jambus mit männlichem (betonte Endsilbe) oder weiblichen Ausgang (unbetonte Endsilbe), Dieses Versmaß wird als das Standard im englischen Drama angesehen und ist seit Lessings *Nathan der Weise* auch der Vers des deutschsprachigen Dramas.[13]

13 Vgl. Gutzen, Oellers, Petersen: *Einführung in die neuere deutsche Literaturwissenschaft*. 6. neugefasste Auflage. Berlin: Erich Schmidt 1989, S. 68.

Blankvers als metrische Grundlage

Als metrische Grundlage des *Macbeth* gestaltet sich der Blankvers nicht durchgehend regelmäßig wie bei „So foul and fair a day I have not seen." (I, 3, l. 38). Um der Monotonie eines durchgehend jambischen Textes entgegenwirken zu können, tritt das metrische Muster häufig variiert auf: „Fair is foul and foul is fair" (I, 1, l. 11). Oft erscheint es aufgelöst, und es überwiegen Enjambements (Zeilensprünge), sodass Sinnabschnitte nicht mehr mit den Zeilenenden zusammenfallen, Senkungen und Hebungen werden vertauscht (vgl. I, 3, ll. 39–47). Als sprachliche Norm des Elisabethanischen Dramas kennzeichnet der Blankvers im Allgemeinen Figuren von höherem Stand und Bildung. Dementsprechend wird die Prosasprache Figuren von niederem Stand zugeordnet, beispielsweise dem betrunkenen Pförtner (II, 3), den Mördern (III, 1) und Lady Macbeths Schlafwandelmonolog (V, 1). Prosa kann jedoch auch ein Signal dafür sein, dass Personen von höherem Stand inoffiziell miteinander kommunizieren, wie es beispielsweise der Brief Macbeths an seine Gattin verdeutlicht (I, 5).

Prosasprache für Figuren niederen Standes

Den solistischen Sprechformen wie Monolog und *aside* (Regieanweisung: Beiseitesprechen) kommt neben dem Darbieten rhetorischer Kunstfertigkeit hauptsächlich die Funktion der detaillierten Charakterdarstellung zu. Bei einem Monolog befindet sich der Sprecher allein auf der Bühne, um seine geheimen Gedanken abzuwägen und Handlungsstrategien zu erörtern, welche die anderen Figuren nicht kennen dürfen. Dieses geschieht auch beim *aside*, einer Redekonvention, bei der eine Figur im Beisein anderer etwas sagt, was diese nicht hören sollen. Als Beispiele einer typischen Monolog-/*aside*-Struktur dient der Aufbau der drei zentralen Solostellen Macbeths im ersten Akt (I, 3, ll. 127–142; I, 4, ll. 48–53; I, 7, ll. 1–28). Alle drei Selbstgespräche haben die Funktion, das Geschehene hinsichtlich des zu Geschehenden (Mord) zu erörtern.

Antithesen in den Selbstgesprächen Macbeths

Kennzeichnend hierbei ist das antithetische Sprechen, das gleichmäßige Abwägen von These und Antithese:

> „Cannot be ill; cannot be good: (…).“ (I, 3, l. 132);
> „That is a step / On which I must fall down, or else o'erleap (…).“ (I, 4, l. 48);
> „If it were done, when 'tis done, then 'twere well / It were done quickly (…). – But in these cases, / We still have judgment here; that we but teach / Bloody instructions, which, being taught, return / To plague th'inventor (…).“ (I, 7, l. 1)

In allen drei Passagen sucht Macbeth eine Entscheidung zu treffen. Sein emotionaler Zustand wird während dieser Überlegungen jedoch durch die Akkumulation von Bildern und Überlegungen stark aufgewühlt. Seine Imaginationsfähigkeit löst eine Reihe Assoziationsketten über mögliche Folgen aus, die eine Handlungsentscheidung verhindern: „… And nothing is, but what is not.“ (I, 3, l. 142) und „yet let that be (…)“ (I, 4, l. 52).

Dramatische Ironie/Leitmotiv „Schein vs. Sein"

Ein zentrales gestalterisches Mittel des *Macbeth* ist die dramatische Ironie (dramatic irony), die dann vorliegt, wenn eine Figur etwas sagt, von dessen tieferer Bedeutung sie selbst nichts ahnt, dafür jedoch das Publikum. Im *Macbeth* wird die dramatische Ironie zum Mittel, die teuflischen, wertumkehrenden Einflüsse der Hexen darzustellen und wird deshalb bereits in der ersten Szene durch das mottohafte antithetische Sprechen der Hexen eingeführt: „Fair is foul, and foul is fair.“ (I, 1, l. 11). Diesem Leitmotiv von „Schein vs. Sein“ entsprechend ist alles anders, als es erscheint. Als Beispiel hierfür dient zunächst Akt 1, Szene 4, als König Duncan nach dem Verrat des nur scheinbar vertrauenswürdigen Edelmannes Cawdor

Leitmotiv Sein vs. Schein

feststellt: „There's no art / To find the mind's construction in the face: / He was a gentleman on whom I built / An absolute trust – ..." (I, 4, l. 11ff.). Diese Aussage Duncans ist voll dramatischer Ironie, da der neue Than von Cawdor („What he hath lost, noble Macbeth hath won." I, 2, l. 69) ihn noch schlimmer hintergehen wird als der alte. Duncan ist sich der tragischen Bedeutung seiner Worte nicht bewusst, während das Publikum bereits seit der vorangehenden Szene weiß, dass Macbeth Mordgedanken hegt (I, 3, l. 139) und durch Duncans Aussage tiefer in das Geschehen hineingezogen wird (emotional impact).

Wissen des Publikums – Unwissen der Figur

Auch Akt I, Szene 6 ist voll dramatischer Ironie. Duncan erreicht mit seinem Gefolge das Schloss Macbeths. Während innerhalb des Schlosses seine Ermordung vorbereitet wird, empfindet Duncan das Schloss als äußerst angenehm situiert und beschreibt es metaphorisch als Brutstätte des Friedens. Erneut ergibt sich die Tragik aus dem Wissen des Publikums und dem Unwissen der Figur Duncan. Duncans Beschreibung der friedlichen Atmosphäre und Lady Macbeths heuchlerisch-freundliche Begrüßung der Gäste stehen in deutlichem Widerspruch zu den aus den vorigen Szenen hervorgegangenen teuflischen Intentionen der Macbeths, *Schein* ist nicht *Sein*. Nicht nur die „guten" Charaktere sind Opfer der dramatischen Ironie der Ereignisse. Auch die „Bösen", welche alle Werte umkehren wollen, sind durch die finale Rückumkehrung der Begebenheiten davon betroffen. Lady Macbeth rät ihrem Gatten beispielsweise kurz nach dem Mord an Duncan, „a little water clears us of this deed" (II, 2, l. 66). Zuletzt ist es jedoch sie selbst, die dem Wahnsinn verfällt und im Schlaf erfolglos die Hände von dem imaginären Blut des Königs zu reinigen versucht.

Die wohl auffälligste Szene voll dramatischer Ironie ist die so genannte Pförtnerszene (II, 3), die sich genau zwischen dem Grauen der Mordszene und dem spannungsreichen Entdecken des Mordes befindet. Die Funktion dieser Szene ist die des „comic relief", der Affektentladung des Publikums durch Lachen. Während der betrunkene Pförtner sich auf den Weg macht, das Tor für den Klopfenden zu öffnen, macht er in prosaischer Umgangssprache eine Reihe von Witzen über Trinken, Urin und Unzucht, die zweifellos dem Unterhaltungswert des Dramas dienen. Des Weiteren spielt er auf bestimmte gesellschaftliche Ereignisse an, die den Elisabethanischen Zuschauern bekannt waren und deren Witz für ein gegenwärtiges Publikum schwer nachzuvollziehen ist. Die auf das Stück bezogene dramatische Ironie ist jedoch zeitlos und stellt einen sinnvollen Kommentar zum Bühnengeschehen dar. Der Pförtner betrachtet sich als Pförtner des Höllentors, ohne zu wissen, dass dieses durch die teuflischen Schlossbesitzer und dem soeben begangenen höllischen Mord tatsächlich so ist.

Weitere wichtige Textstellen, die durch dramatische Ironie oder das Leitmotiv „Schein vs. Sein" gekennzeichnet sind, finden sich in der folgenden Übersicht:

Dramatische Ironie	I, 3, I. 38 (Macbeth: „So foul and fair a day I have not seen."); I, 4, II. 23–27 (Macbeth benennt die für den Erhalt von Ordnung notwendigen Pflichten, wird sie jedoch brechen.); III, 2, II. 30–34; III, 5, I. 3 (Die Hexen lassen Macbeth falsche Sicherheit empfinden.); IV, 1, II. 80–82; IV, 1, II. 90–96 (Erscheinung und Reaktion).
Leitmotiv „Schein vs. Sein" (antithetisches Sprechen)	I, 3, II. 65–67; I, 3, II. 141–142; I, 4, II. 7–11; I, 5, II. 21–23; I, 5, II. 50–56; I, 7, II. 1–25; I, 7, I. 83; II, 1, I. 26–29; II, 1, II. 33–61 (Dolchvision); II, 3, II. 82–83; III, 1, I. 47; III, 1, I. 113; III, 2, II. 30–34; III, 4, I. 4; IV, 3, I. 19; V, 2, I. 19; V, 5, I. 44; V, 6, II. 1–2.

Methaphorik und Leitmotive

Ein bedeutendes Charakteristikum des *Macbeth* ist die Bildersprache, die häufige Verwendung von Metaphern, Vergleichen und Gleichnissen, welche die verschiedenen Seinsbereiche des Elisabethanischen Weltverständnisses miteinander verknüpft und somit neben ihrem künstlerischen Wert auch Aufschluss über zeitgenössische Vorstellungen gibt. Die wichtigsten, im Verlauf des Dramas leitmotivisch wiederkehrenden Metaphern sollen in der folgenden Übersicht benannt und erläutert werden.

METAPHER UND LEITMOTIV	BEDEUTUNG	TEXTSTELLE
Theater und Schauspielerei	Im *Macbeth* finden sich viele meta-theatralische Metaphern, welche beim Theaterspielen das Theaterspiel selbst thematisieren. Als eine von vielen Vorstellungen lässt sich im *Macbeth* deutlich die des „Lebens als Schauspiel" und des „Menschen als Schauspieler auf der Bühne des Lebens" erkennen.	I, 3, l. 127: Die Titel Glamis und Cawdor werden von Macbeth als Prologe zu dem königlichen Hauptthema des Stückes bezeichnet. II, 4, ll. 5–6 V, 5, ll. 19–28: Macbeths bekannter Monolog über die Absurdität des Lebens. V, 8, l. 1: „Why should I play the Roman fool ...?"
Kleidung	Als Statussymbol symbolisiert Kleidung die Ehre, welche dem Tragenden zuteil geworden ist.	I, 3, ll. 108–109 (Die Bezeichnung „borrow'd robes" symbolisiert, dass Macbeth die Ehre der Titel nicht rechtmäßig zukommt.) I, 3, l. 146 I, 7, ll. 34–35 II, 4, l. 38 V, 2, ll. 15–16 V, 4, l. 15

METAPHER UND LEITMOTIV	BEDEUTUNG	TEXTSTELLE
Dunkelheit/ Helligkeit	Dunkelheit symbolisiert die bösen Mächte und teuflischen Taten im Kontrast zur Helligkeit, dem rechtmäßigen Guten.	I, 3, l. 124 I, 4, l. 41 I, 4, l. 50 I, 5, l. 51 II, 4, ll. 5–7
Tiere	Die vielen Anspielungen auf Relationen im Tierreich spiegeln zum einen die ideologischen Korrespondenzen wider. Zum anderen dienen sie oft dazu, die beängstigende, „bestialische" Atmosphäre zu gestalten.	I, 7, l. 45 II, 1, l. 53 II, 3, l. 53 II, 4, ll. 11–13 III, 1, ll. 91–107 (Verzeichnis der Eigenschaften) III, 2, ll. 13–15
Krankheit, Blut	Durch Macbeths Bluttat ist Schottland „erkrankt". Macbeth hält seine Herrschaft nur durch Gewalt und zahlreiche Morde. Die Krankheits- und Blutmetaphorik ist an zahlreichen Stellen im Text zu finden.	I, 5, ll. 46–52 II, 1, l. 46 II, 2, l. 45 (Mordszene) II, 3, l. 95 III, 4, ll. 74–82 III, 4, ll. 121–125 V, 2, ll. 26–29 V, 3, ll. 46–56
Personifikation der Leitthemen: ***Schlaf, Tod, Ehrgeiz, das Böse, Ehre*** **und** ***Tapferkeit, Loyalität, Schicksal, Schuld*** **und** ***Sühne***	Die Personifikation der Leitthemen ist ein zentrales Mittel der Bildersprache des Elisabethanischen Dramas. Durch diese lässt sich die Vorstellung der göttlichen Ordnung erkennen.	I, 2, l. 19 I, 2, l. 55 I, 3, l. 32 (Die Hexen werden als „Weïrd Sisters" bezeichnet.) I, 7, 10 I, 7, l. 35 II, 1, l. 50 II, 2, ll. 35–39 II, 3, l. 60 V, 2, ll. 17–22

3.7 Interpretationsansätze

ZUSAMMENFASSUNG

Für eine thematische Interpretation von *Macbeth* bietet sich die Deutung des Dramas unter dem Gesichtspunkt der Tragödienkonzeption an sowie die Analyse der seelischen Mechanismen von Ehrgeiz und Machtgier als Handlungsmotivation und die tragische Zweideutigkeit, die *Macbeth* leitmotivisch kennzeichnet.

Das Tragödienmodell des *Macbeth*

Ein wichtiger Interpretationsansatz ist die Gattungszuordnung des *Macbeth*. Ein solcher Ansatz macht eine genaue Analyse des Verlaufsmusters notwendig, wie es im Folgenden zusammengefasst wird:

> „*Macbeth* kann man noch am ehesten als mittlere, normale Tragödie ansprechen: ein Modell, das freilich nie kopiert oder abgewandelt wiederholt wird. Die Bühnengesellschaft ist eine klassische Herrschaftshierarchie. Die Handlung betrifft die Grundmotive der Geschichte: Königsmord, Usurpation, Befreiung des Landes. Der Stoff beansprucht, auch wenn er in Wirklichkeit legendär ist, jene Historizität, die für das exemplarische Drama angebracht ist. Die Thematik, das Verbrechen, das Böse schlechthin, ist weiter als in den anderen Stücken. Das Verlaufsmuster ist das des Weltbilddramas und der Decasibus-Tragödie: ein voller Kreislauf Ordnung – Unordnung – Ordnung, zwei tragische Figuren – Duncan, dessen Fall Macbeths Aufstieg bedeutet, und der Usurpator Macbeth. Hauptmotiv des Handelns ist der Ehrgeiz, neben dem Stolz die Hauptsünde der schuldig vom Fall

Ereilten. Ungewöhnlich und in der Tradition nicht vorgegeben ist die Deutlichkeit, mit der die Titelfigur zugleich Verbrecher und Held, Sympathieträger ist. Das staatlich-gesellschaftliche Geschehen ist dem privaten übergeordnet."[14]

Ehrgeiz und Machtgier als Handlungsmotivation

Laut Elke Schartmann ist Macbeth Opfer seines zügellosen Ehrgeizes:

„Indem Macbeth versucht sich zu verwirklichen, König zu werden, zerstört er sich selbst. ... Shakespeare [versuchte] nicht einfach einen Kriminellen, sondern einen psychologisch subtil geschilderten Außenseiter darzustellen ... Etwaige Ansprüche Macbeths auf den Thron durch Geburt oder durch seine Frau bleiben unerwähnt. Dadurch wird sein Ehrgeiz wilder und unbegründeter, die Hexenprophezeiungen werden bemerkenswerter. Diese will er, wenn nötig, durch eigenes Eingreifen bestätigt sehen; sie tragen wesentlich zu seinem Untergang bei. ... Sie sind es auch, die die Tragödie eröffnen. ... Möglicherweise wird ihm letztlich sein Ehrgeiz zum Verhängnis."[15]

Psychologische Entwicklung

Bei einer Untersuchung der psychologischen Entwicklung des Protagonisten hinsichtlich seiner Handlungsmotivation von Jutta Schamp ist auch Machtgier ein zentraler Aspekt

„Im *Macbeth* stellt das Begehren von Macht das zentrale Thema dar, manifestiert sich jedoch anders als in den Historien. Die

---

14 Suerbaum, S. 176.

15 Schartmann, Elke: *Einsamkeit bei Shakespeare und in der Renaissance-Tradition*. Heidelberg: Carl Winter Universitätsverlag, 1990, S. 150–151.

Hexen besitzen geheimes Wissen über den Diskurs Zeit und die Königsherrschaft, das der von dieser Information ausgeschlossene Macbeth gleichfalls zu erlangen versucht. Mittels psychologischer Tiefenschärfe zeichnet Shakespeare Schritt für Schritt nach, wie Macbeth mit Gewalt danach strebt, sich dieses Wissen anzueignen, um Herrschaft über die Zeit und daraus resultierend über das schottische Königreich zu bekommen. So ist Macbeth nach der Begegnung mit den Hexen und der Bestätigung von deren Prophezeiung, dass er Thane of Cawdor werde, bereits völlig von dem Gedanken eingenommen, König zu werden ...“[16]

Tragische Zweideutigkeit im *Macbeth*

Der Pförtner im *Macbeth* spricht nicht nur zur bloßen Unterhaltung vom „equivocator“, laut Graham Holderness spielt er hiermit insbesondere auf eine in ihren moralischen Wertvorstellungen und gesellschaftliche Konventionen äußerst widersprüchliche Gesellschaft an. So stelle *Macbeth* neben dem Verstoß gegen gesellschaftliche Tabus bewusst auch die kriminalisierten Wünsche und verbotenen Freuden dar, die mit einem solchen Verstoß verbunden seien. Nicht die simple Opposition von Gut und Böse bestimme den ethischen Diskurs des *Macbeth*, sondern ein ambivalentes Verhältnis zu zeitgenössischen moralischen und politischen Wertvorstellungen. So verleite das Drama den Zuschauer beispielsweise zu einer gewissen Sympathie für die Dinge, die es gleichzeitig anprangere, um die Widersprüchlichkeit und die Doppelmoral der Gesellschaft widerzuspiegeln:

---

16 Schamp, Jutta: *Repräsentation von Zeit bei Shakespeare. Richard II, Henry IV, Macbeth*. Tübingen: Gunter Narr Verlag, 1997, S. 298–299.

„The fact that the Porter in *Macbeth* is a drunken clown should not disguise from us the significance of the words he uses. When he jokes about ‚equivocation' (II.3. 8–11) [Zweideutigkeit, Doppelmoral] – which means not simply lying, but affirming or swearing to the truth of two opposite or incompatible statements – he foreshadows his master's use of the term later in the play, when Macbeth begins: To doubt the equivocation of the fiend, / That lies like truth[17]. (V, 5, l.42–44) ‚Equivocation' links the play directly to the contemporary political world of its original genesis ... In much critical discussion of the play its moral dimension is resolved into the transparent simplicity of a Morality-play battle between good and evil – an ethical discourse more appropriate to the latest Steven Spielberg movie or to the political world rhetoric of Ronald Reagan than to the sophisticated insights we have been taught to expect from a Shakespearean tragedy. I will argue on the contrary that the play equivocates with its morality as well as its politics: that its characteristic effect is to render historic what it criminalises, to lend glamour and excitement to the very things it warns against, and to induce a strange kind of respect in us for those impulses and actions we are told by the play's morality-fable to fear, reject and shun. ... If the play's universe is presented not as a simple confrontation of oppositions like sovereignty and treason, legitimacy and rebellion, authority and subversion; but rather as the embodiment of a contradictory historical society which cherishes at its heart the violence and uncertainty which will eventually destroy it, then no simple pattern of moral antithesis will be effective in analysing the ethical structure of Macbeth. ... What I have called the ‚equivocation'

---

17 „[Ich] beginne, die Zweideutigkeit des Teufels zu argwöhnen, der lügt, als wäre es Wahrheit" (V, 5, l.42–44, S. 155), zitiert nach Shakespeare, William: *Macbeth*. Englisch und Deutsch. Übersetzt und herausgegeben von Barbara Rojahn-Deyk. Stuttgart: Philipp Reclam jun., 1996.

of *Macbeth* resides in its powerful realisation, not just of moral and social taboos, but of the criminalised desires and forbidden delights involved in breaking them: the play is, in Freud's terms, the return of everything civilised values are obliged to repress."[18]

---

18 Holderness, Graham: ‚*Come in, equivocator': tragic ambivalence in* Macbeth. In: Cookson, Linda, Loughrey, Bryan (Hrsg.): *Critical Essays on* Macbeth. Burnt Mill, Harlow: Longman Group UK Limited 1988, S. 61–71.

4. REZEPTIONSGESCHICHTE

ZUSAMMEN-FASSUNG

Bereits Ben Jonson, Freund und Konkurrent Shakespeares, prophezeite in einem seiner Gedichte die nachhaltige und einzigartige Wirkung des großen Dramatikers William Shakespeare: „He was not of an age, but for all time!“[19]. Obwohl Shakespeare ein Repräsentant der Elisabethanischen Kultur Englands Ende des 16. und Anfang des 17. Jahrhunderts ist und seine Kunst insbesondere in der sprachlichen Ausdruckskraft liegt, ist sein Werk international. In Deutschland wurde Shakespeare nach seinen ersten Übertragungen ins Deutsche neben Goethe und Schiller als „dritter deutscher Klassiker“ betrachtet. Die Deutung seiner Dramen wurde zu einer eigenen Tradition entwickelt und hatte nachhaltigen Einfluss auf das deutsche Drama.

Theater und Lektüre

Jede Epoche hat ihren Ansatz

Heute ist neben Shakespeares *Hamlet* insbesondere die *Macbeth*-Lektüre ein bedeutender Unterrichtsgegenstand an Schulen und Hochschulen. Das vielfältige Drama galt zu den verschiedensten Zeiten als blutrünstiges Schauerstück, als kunstvoll gestaltete Parabel, als wahrhaftige Tragödie oder als einzigartige Darstellung und Erörterung der menschlichen Seele. Jede Epoche findet einen neuen und ihr gemäßen Deutungsansatz, den sowohl ästhetische Richtungen als auch ideologische Gesetze beeinflussen, die Deutung des *Macbeth* wird niemals abgeschlossen sein.

---

19 Abrams, M. H., Greenblatt, Stephen (Hrsg.): *The Norton Anthology of English Literature*. Seventh Edition, Volume 1. New York, London: W. W. Norton & Company 2000, S. 1027.

Die *Macbeth*-Rezeption hat nicht so eine spektakuläre Wirkung erzielt wie Shakespeares *Hamlet*, dennoch ist der *Macbeth* eine der meistgespielten und -rezipierten Tragödien des großen britischen Dramatikers. Die *Macbeth*-Rezeption verlief, wie auch die Rezeption der anderen Dramen Shakespeares, in zwei separaten Traditionssträngen, dem der Aufführung und dem der Lektüre. In diesem Zusammenhang ist es wichtig, sich zu vergegenwärtigen, dass das Elisabethanische Drama in erster Linie Vortragsdrama war und somit neben der theatralischen Dimension auch die Textdimension ein zentrales Merkmal ist. Nach Shakespeares Tod stieg dann auch durch die erste Folio-Ausgabe der gesammelten Werke Shakespeares (1623) die Bedeutung des Lesepublikums. Während der Zeit der Theaterschließung (ab 1642) war es lediglich möglich, Dramen zu lesen, und folglich teilten sich nach der Wiedereröffnung im Jahre 1660 die beiden Rezeptionsstränge[20]. Bei einer Darstellung der *Macbeth*-Rezeption wird somit stets auf die Wirkung von Lektüreprozessen und theatralischen Erfahrungen der jeweiligen Rezipienten eingegangen, die bei einer Bewertung des Dramas oft miteinander verbunden sind.

1. bezeugte Aufführung

Die erste Meldung über eine Aufführung des *Macbeth* im Elisabethanischen England wurde in einem Tagebucheintrag eines Theaterbesuchers namens Dr. Symon Forman gefunden, der den *Macbeth* am 20. April 1610 gesehen hatte. Den wirkungsvollsten Eindruck scheinen das Spiel Macbeths und der Lady nach dem Mord gemacht zu haben.[21] Von diesem Zeitpunkt an verschwand der *Macbeth* nicht mehr von der Bühne. Neben den Shakespeare'schen Inszenierungen standen jedoch auch zunehmend Umarbeitungen des Stoffes

---

20 Vgl. Suerbaum, S. 279–281.

21 Schumacher, Erich: *Shakespeares* Macbeth *auf der deutschen Bühne*. Emsdetten: Heinr. & J. Lechte Verlag, 1932, S. 1.

im Zentrum der Diskussion. William Davenant brachte beispielsweise im Jahre 1665 eine Bearbeitung auf die Bühne, die von den einen als „opernhaftes Zauberwerk“[22] gefeiert und von den anderen als „englische Versimpelung“ des *Macbeth* voller „Plattheiten“ verpönt wurde. Diese konträre Kritik war charakteristisch für die englische Rezeption des Shakespeare'schen *Macbeth* im 17. Jahrhundert. Wie es Fritz Schulze beschreibt, wurden hauptsächlich die Hexenszenen und die Pförtnerszene kritisiert, sowie die

> „... ungenügende moralische Fundierung des Tragischen. Die Hexenszenen deuteten für die Wortführer des klassizistischen Kunstprinzips auf barbarischen Aberglauben; die ordinären Worte des Pförtners zeigten befremdliches Gefallen am Gemeinen und Niederen; die vermiedene direkte moralische Begründung oder moralistische Orientierung gab alles dem Sensationellen und Kriminalpsychologischen preis“[23].

Laut Schulze verkennt diese Auffassung jedoch

> „... die unlösliche Verquickung und geradezu dialektische Kontradiktion von sittlichem Urteil und Naturinstinkt, von Bewusstheit und dunklem Trieb, von Ordnungsprinzip und dämonischem Chaos. Das Barbarische und Archaische gehört in allen seinen Ausdrucksweisen in den Gestaltungsbereich von Kunst, als Unzüchtig-Unflätiges ebenso wie als Grausig-Monströses. Die dichterische Freiheit setzt sich ihre Grenzen nur aus sich“[24].

---

22 Ebd., S. 8.
23 Schulze, Fritz W.: *William Shakespeare: Macbeth. Dichtung und Wirklichkeit*. Frankfurt am Main: Ullstein, 1964, S. 133.
24 Ebd.

Von der Mitte des 18. Jahrhunderts an wurde jedoch die „wilde Poesie“[25] Shakespeares gepriesen und das Werk des Dramatikers immer wieder zur internationalen Literaturdiskussion herangezogen. Unzählige Gelehrte, Schriftsteller und Philosophen, befassten sich mit dem Werk Shakespeares, wie es beispielsweise auch Schulze beschreibt:

> „... der romantische Shakespeare-Kult war als Mittel der Rechtfertigung von jeweils eigenem Übermensch-Sein aufgebracht; es wirkte weit und führte zu verhängnisvollen Schlüssen. Der Romantiker S. T. Coleridge beobachtet an *Macbeth*, dass Tragisches nicht nur dem Hohen entspringt, es kommt auch aus dem einfach Vehementen, dem Bedrängenden. Coleridge durchschaut ebenso sicher die Zwischenstellung der Hexen; sie seien ungeschlechtlich, weder Mensch noch Tier, weder Schicksalsweberinnen noch Halluzinationen. De Quincey pointiert mit Überzeugungskraft das im Mörder sich aufbäumende Grauen vor Tat und Opfer; er rechtfertigt das poetische Interesse am Mörder. Jameson behauptet, dass nur ein Weib zu solchem Begehrenkönnen befähigt sei, das Lady Macbeth durchpulst. ... Montégut findet die interessante stammespsychologische Deutung des Helden und auch der Lady, die er der Klytämnestra oder Medea für ebenbürtig hält. ... H. Bradley betont die Wechselseitigkeit von äußeren Mächten mit denen im Innern des Menschen; die dialektische Interaktion sei hier kompositorisch verwirklicht.“[26]

---

25 Ebd.
26 Ebd., S. 134.

Übersetzungen ins Deutsche

Die erste deutsche, jedoch fehlerhafte Übersetzung des *Macbeth* lieferte Christoph Martin Wieland im Jahre 1762. Als begeisterter Shakespeare-Rezipient wollte Wieland Shakespeare „... den Deutschen so bekannt machen wie er ist“[27]. Mit seinem *Macbeth* habe sich Shakespeare laut Wieland in jedes Menschenherz eingegraben:

Erste deutsche Übersetzung von Wieland

> „Shakespear, der alles was Natur ist, in jedem Falle, für jedes Geschlecht und Alter, für jeden Stand und Personal-Charakter, nach allen Verhältnissen und Bestimmungen, so rein, so stark, so vollständig fühlt und erkennt, sah und fühlte, dass dies so sein musste ... sah seine Lady Macbeth da sie mit dem Dolch in der Hand vor den schlafenden König hintrat – fühlte was sie in diesem Augenblick fühlen musste – schriebs hin, und grub sich, ohne daran zu denken, mit diesem einzigen Zug auf ewig in jedes Menschenherz.“[28]

In den Jahren 1775–1782 übersetzte J. J. Eschenburg, ein Freund Lessings, den *Macbeth* auf der Grundlage der Wieland'schen Übersetzung. Eschenburg und Lessing verstanden die Geister und übernatürlichen Wesen bei Shakespeare als „metaphorische Urkraft“ und auch Johann Gottfried Herder äußerte sich deutlich mit enthusiastischem Lobpreis über den *Macbeth* in seinem Shakespeare-Aufsatz:

Sturm und Drang

> „Welch ein Auftritt der Hexen bei Macbeth auf der Heide, unter Blitz und Donner! Nun der blutige Mann mit der Nachricht von Macbeths Thaten, und die Botschaft des Königs an ihn mit

---

27 Zitiert nach: Suerbaum, S. 287.
28 Wieland, Christoph Martin: *Über eine Stelle in Shakespears Macbeth*. In: Schulze, S. 164.

dem Than von Kawdor! Die Scene bricht wieder; die Heide! Der prophetische Gruß der Hexen, nun die Ankunft der königlichen Botschaft ...! Lady Macbeth mit ihrem Briefe und ihrer Bewegung unmittelbar vor der Ankunft des Königes! Der rüstig ankommende Macbeth, und nun der sanfte sichre König, der bei dem Einzuge in sein Haus des Todes noch zum letzten mal die freie Luft so schön findet! Die Lage dieses Mörderhauses so fühlbar preiset! – wer hat das Rührende dieser Scene nicht gefühlt, und wo in der Welt könnte sie geschehen, als wo sie geschieht? – Das Haus in unruhiger, gastlicher Zubereitung und Macbeth in Zubereitung zum Morde! Es wird tief in die Nacht! ... Die Vision des Schattendolchs! Die Glocke! Er ist hin und mordet! Die Eule! Er hat gemordet, und sogleich kommt die grauenvolle Scene des Klopfens am Thor! ... Die Begebenheit, die er [Shakespeare] vorstellt, ist Geschichte der Welt, und wer besitzt mehr Kraft als er, unsre Einbildung durch alle die Gegenden zu reißen, wo und wo sie nur allein, und wo sie am mächtigsten geschieht. ... ich müsste alle, alle Scenen ausschreiben, um das idealisirte Lokal des unnennbaren Ganzen, der Schicksals-, Königsmords- und Zauberwelt zu nennen, die als Seele das Stück ... belebt, Alles in der Seele zu einem schauderhaften, unzertrennlichen Ganzen zu machen – und doch würde ich mit Allem nichts sagen.“[29]

Übersetzung von Schlegel

Wie es sich an Herder zeigt, waren die Stürmer und Dränger begeistert von Shakespeares Tragödien, es gab viele weitere Übersetzungen und Bearbeitungen des *Macbeth*, die immer wieder Bühnenerfolge erzielten und neue Diskussionen entfachten. Eine weitere bedeutende Übersetzung des *Macbeth* war die von August Wilhelm Schlegel. Auch Friedrich Schiller beteiligte sich eifrig an der Dis-

29 Johann Gottfried Herder: *Shakespear*. In: Schulze, S. 164–166.

kussion um den *Macbeth*, so verwarf er beispielsweise eine erfolgreiche Version H. L. Wagners[30] und verfasste schließlich selbst eine *Macbeth*-Bearbeitung, die er im Jahre 1800 in Weimar vorstellte. Schillers *Macbeth* stellte sich jedoch deutlich als Moralisierung des Dramas heraus, so schreibt Blinn beispielsweise:

> „[Schillers] Änderungen, von denen sich einige auf die Gegebenheiten der Weimarer Bühne zurückführen lassen, ... lassen ein Theaterstück entstehen, das im Großen und Ganzen als regelmäßig bezeichnet werden kann. Die Szenenwechsel sind vereinfacht, mehrere Nebenfiguren gestrichen, zeitbedingte Passagen, lokale und politische Anspielungen sind weggelassen. Die vielschichtigen, grotesk-volkstümlichen Ausführungen der Pförtnerszene wurden in ein ‚Morgenlied' des Pförtners umgewandelt, Handlung und Zeitablauf gestrafft und die sprachliche Einheit durch Übertragung auch der Prosastellen des Originals in Jamben hergestellt. ... In Schillers Fassung dominiert der moralische Gedanke. Durch Sentenz und Parabel stellt er das Allgemeine über das Individuelle. Die Problematik von Schuld und Sühne verknüpft er mit dem antiken Schicksalsgedanken. ... Mit seiner *Macbeth*-Bearbeitung löste er den ‚naiven' und ‚realistischen' Shakespeare aus seinem historischen und typologischen Zusammenhang und näherte ihn seiner ‚sentimentalischen' Darstellungsweise und seinem Formideal, das er in seinem eigenen Werk der klassischen Periode verfolgte, an."[31]

Ein Zeitgenosse Schillers, der Philosoph und Dichter Friedrich Schlegel, lobt das „echt Tragische" und zugleich höchst Moderne des *Macbeth*:

---

30 Vgl. Schulze, S. 135.
31 Blinn, S. 24–26.

„Beide [*Macbeth* und *King Lear*] sind zwar in Rücksicht der Behandlung ohne jenen zarten, süßen, romantischen Geist, jenes Tragische der Liebe, wie in *Romeo und Julie* und zum Teil auch im *Hamlet*. Aber sie sind so wunderbar geheimnisvoll, so tief allegorisch und naturbedeutend, dass sie in Rücksicht dieses unergründlichen, nie ganz zu enthüllenden Tiefsinns weit über alle anderen hervorragen. Und wenn diese Stücke sich etwas von dem Romantischen entfernen, so ist dieses Abweichen doch keine Rückkehr zu der alten Manier, die doch oft Ungeschicklichkeit verrät, dahingegen hier überall der vollendete Künstler sichtbar ist, der alles in seiner Gewalt hat. Was sie von allen anderen unterscheidet, ist die vorherrschende Tendenz zum Mythischen, Fabelhaften, was denn auch näher an das Allegorische grenzt. Überall sind Beziehungen auf die höheren Naturkräfte und das Eingreifen dieser in die menschlichen Schicksale sichtbar. So ist im *Macbeth* gar die Geisterwelt mit in das Trauerspiel verflochten ... Es gibt gar keine Tragödie, die so der Kraft und Würde der Alten sich nähert, so im Geiste der Griechen echt tragisch und auf der anderen Seite zugleich so modern ist, wie *Macbeth*."[32]

Gründung der deutschen Shakespeare-Gesellschaft 1864

Die Diskussion um Shakespeare in Deutschland führte zur Gründung der Deutschen Shakespeare-Gesellschaft im Jahre 1864, die fortan das Zentrum der deutschen Shakespeare-Rezeption war.[33]

Im Laufe der Geschichte gab es unzählige weitere Übersetzungen und Bearbeitungen des *Macbeth*, die die Diskussion um das Werk stets neu entfachten. Zu nennen sind für das 19. Jahrhundert die Übertragung von Heinrich Voß im Jahre 1810 und die bis heute

---

32 Schlegel, Friedrich: *Geschichte der europäischen Literatur. Die altenglische Literatur*. In: Blinn (Hrsg.), S. 137–138.
33 Vgl. Suerbaum, S. 296.

anerkannte Übersetzung von Ludwig und Dorothea Tieck (1833). Anfang des 20. Jahrhunderts gab es weitere Übersetzungen, doch nach wie vor wurde nie die perfekte Deckung mit dem Original erreicht.

Adaption in Ton, Bild und Text

Macbeth in Musik und Film

Auch Tonkünstler erschlossen Shakespeares *Macbeth*, zu erwähnen sind nicht nur die verschiedenen Kompositionen von Begleitmusik, wie beispielsweise die von I. F. Reichardt im Jahre 1787 oder von Ludwig Spohr im Jahre 1825. Giuseppe Verdis (1813–1901) Oper *Macbeth* hat sich bis heute als einzige *Macbeth*-Oper behauptet. Bereits im Jahre 1913 wurde *Macbeth* in England verfilmt, im Jahre 1922 in Deutschland.

Zu den bekanntesten Theaterproduktionen des 20. Jahrhunderts zählen die des „Lafayette Theaters", New York, unter der Regie von Orson Welles (1936), die des „Shakespeare Memorial Theaters", Stratford-upon-Avon, unter der Regie von Glen Byam Shaw mit Laurence Olivier als Macbeth (1955) und die des „Royal Shakespeare Theaters", Stratford-upon-Avon, unter der Regie von Trevor Nunn (1974). Populäre Verfilmungen sind die von Roman Polanski (1971) mit Jon Finch in der Hauptrolle und die BBC-TV/Time-Life Produktion unter der Regie von Shaun Sutton (1982).[34]

Bis heute sind immer wieder Motive und Momente aus Shakespeares Tragödie aufgegriffen und übertragen sowie Zitate in Buchtitel aufgenommen worden. Als Beispiel hierfür sei John Steinbecks (1902–1968) Roman mit dem Titel *The Moon is Down* angeführt. Auch die Aufnahme des Stückes in den Literaturkanon der Schulen zeigt die enorme Wirkung des *Macbeth* auf die verschiedenen

---

34 Kliman, Bernice W.: *Shakespeare in Performance. Macbeth*. Manchester, New York: Manchester University Press, 1992, S. 150–153.

Diverse Textgrundlagen im Theater

Generationen. Durch die umfangreiche Geschichte der deutschen *Macbeth*-Bearbeitungen finden sich in der Gegenwart an deutschen Bühnen immer wieder unterschiedliche Textgrundlagen, seien es klassische oder moderne Übertragungen, während in England allgemein der Shakespeare'sche *Macbeth* gespielt wird. Die weit reichende Popularität des Dramas und die epochenübergreifende Diskussion um das Werk in verschiedensten Inszenierungen hat bereits Goethe erkannt, dessen Kommentar sich auch stellvertretend für die heutige Zeit anführen lässt:

Lucio Gallo als singender Macbeth in Verdis Oper, Staatsoper Unter den Linden, Berlin 2000 © ullstein bild – Will

„Wir guten Deutschen, wo ich mich wohl auch zu zählen habe, können seit fünfzig Jahren den unbezwinglichen Shakespeare nicht los werden. Nach unserer gründlichen Verfahrensweise suchen wir in seine Wesenheit einzudringen, wir gestehen gerne dem Stoff, den Gegenständen seiner Dichtung allen Werth und Gehalt zu, wir trachten, seine Behandlungsart zu entwickeln, ihrem Gange zu folgen, die Charaktere zu enthüllen, und scheinen mit aller Bemühung doch nicht zum Ziele zu gelangen."[35]

35 Johann Wolfgang von Goethe, zitiert nach: Blinn, Hansjürgen (Hrsg.): *Shakespeare-Rezeption. Die Diskussion um Shakespeare in Deutschland. II. Ausgewählte Texte von 1793 bis 1827.* Berlin: Erich Schmidt, 1988, S. 9.

5. MATERIALIEN

Shakespeares *As you like it* (Akt II, Szene 7)

Um das Elisabethanische Weltbild greifbarer zu machen und einen ersten Zugang zu Shakespeares bildhafter Sprache zu ermöglichen, bietet sich eine Deutung der bekannten Bühnenmetaphorik der Figur Jaques aus Shakespeares *As You Like It* an. Um den Text visuell zu erhellen ist es sinnvoll, eine der bekannten zeitgenössischen Darstellung der *Seven Ages of Man* hinzuzufügen und den Text im Puzzleverfahren zu erschließen.

"All the world's a stage,
And all the men and women merely players;
They have their exits and their entrances,
And one man in his time plays many parts,
His Acts being seven ages. At first the infant,
Mewling and puking in the nurse's arms;
Then, the whining schoolboy, with his satchel
And shining morning face, creeping like snail
Unwillingly to school; and then the lover,
Sighing like furnace, with a woeful ballad
Made to his mistress' eyebrow; then, a soldier,
Full of strange oaths, and bearded like a pard,
Jealous in honour, sudden and quick in quarrel,
Seeking the bubble reputation
Even in the cannon's mouth; and then, the justice,
In fair round belly, with good capon lined,
With eyes severe, and beard of formal cut,
Full of wise saws and modern instances,
And so he plays his part; the sixth age shifts

Into the lean and slippered pantaloon,
With spectacles on nose and pouch on side,
His youthful hose, well saved, a world too wide
For his shrunk shank, and his big manly voice,
Turning again toward childish treble, pipes
And whistles in his sound. Last scene of all,
That ends this strange eventful history,
Is second childishness, and mere oblivion,
Sans teeth, sans eyes, sans taste, sanse everything."
(*As You Like It*, II, 7, II. 139–166)[36]

Troilus und Cressida: Order and Disorder

Ulysses Rede (aus Shakespeares *Troilus and Cressida*) über die Konsequenzen einer erschütterten Ordnung ist paradigmatisch für die Ordnungsvorstellung zu Shakespeares Zeit und kann als Zusatztext bei der Beschäftigung mit dem Elisabethanischen Weltbild herangezogen werden.

"... But when the planets
In evil mixture to disorder wander,
What plagues and what portents, what mutiny,
What raging of the sea, shaking of earth,
Commotion in the winds, frights, changes, horrors,
Divert and crack, rend and deracinate
The unity and married calm of states
Quite from their fixture! O, when degree is shaked,
Which is the ladder to all high designs,

---

36 Shakespeare, William: *As You Like It: Third Series*. Arden Shakespeare Third. Hrsg. v. Juliet Dusinberre. London, 2006. S. 227–229.

The enterprise is sick. How could communities,
Degrees in schools, and brotherhoods in cities,
Peaceful commerce from dividable shores,
The primogenitive and due of birth,
Prerogative of age, crowns, sceptres, laurels,
But by degree, stand in authentic place?
Take but degree away, untune that string,
And hark what discord follows."
(*Troilus and Cressida*, I, 3, ll. 94–110)[37]

37 Shakespeare, William: *Troilus And Cressida: Third Series.* Hrsg. v.David Bevington. Arden Shakespeare. London, 1998. S. 99–100.

6. PRÜFUNGSAUFGABEN MIT MUSTERLÖSUNGEN

Unter www.königserläuterungen.de/download finden Sie im Internet zwei weitere Aufgaben mit Musterlösungen.

Die Zahl der Sternchen bezeichnet das Anforderungsniveau der jeweiligen Aufgabe.

Task 1 ***

Analyse how Macbeth and Banquo are introduced to the audience in the extracts at hand and explain the function of this scene. (Extracts from Act 1, scene 3)

Model answer

Macbeth and Banquo are already introduced to the audience before they finally appear on stage since their victory over the rebels is already praised and rewarded by the king and his subjects in I, 2. Macbeth and Banquo, both Scottish generals, are met by three witches after a victorious battle against an army of rebels. Macbeth enters the stage picking up the leitmotif of the play first introduced by the witches in I, 1. His perception of a "foul and fair day" (I, 3, l. 38) is dramatic irony, he is already influenced by the supernatural powers although it is Banquo who notices the witches first (l. 39). After their address Banquo also notices that Macbeth seems to fear the apparently fair words he is greeted with (l. 51) and directly demands clear words (ll. 58–61). Macbeth is foretold to be king and strongly influenced by their words, but Banquo, prophesied to be the father of many kings, remains reserved. Banquo's emotional state is temperate, he speaks plainly that he neither begs their fa-

FOUL AND FAIR DAY

vours nor fears their hate (ibid.). In contrast, Macbeth wants to hear more (ll. 70–78) and reflects on the predictions he calls "strange intelligence" (l. 76) and "prophetic greeting" (l. 78). While Macbeth wishes they had not vanished (l. 82) Banquo already assumes that their words are a danger to reason; "reason" is believed to be the distinctive feature of man putting him at top position in the chain of being in Elizabethan thinking (cf. the metaphor of "imprisoned reason" used by Banquo, ll. 84–85). When Rosse and Angus enter and Rosse greets Macbeth as Thane of Cawdor Banquo wonders whether the devil can speak true (l. 107). Banquo is sure about the evil influence of the predictions; he calls them again "instruments of darkness" (l. 124) and expects a bad ending (ibid.), but Macbeth is strongly affected which is shown by the use of three further asides in which he already thinks about murdering the king (l. 139); his ambition and will to power is stirred. This scene is expository; it shows how easily Macbeth is influenced by the witches' words because they aim for his ambition which, once enforced, exceeds the measure. This distinctive character trait is contrasted by Banquo and his balanced reaction to the prediction concerning his heirs, which promises an honour equal to that of Macbeth. The action and thoughts expressed by Macbeth in the asides are necessary to the progress of the play.

ASIDES:
MACBETH
IS STRONGLY
AFFECTED

Task 2 ***

Macbeth – tyrant or tragic hero? Describe the character of Macbeth as the tragic hero of the play and explain how he is presented to the audience in this monologue. (Text: Act 1, scene 7, ll. 1–28)

Model answer

AT FIRST, HE IS A HEROIC AND PRAISED CAPTAIN

Macbeth is a very complex character. At first, he is a heroic captain praised and honoured by his king and fellows. He seems to fight loyally for the order of the state and thus represents values he disposes of later in the play. Honour, natural bonds, reason and pity belong to the moral code of the time and Macbeth himself knows from the very beginning that they are to obey. In this monologue, the audience is shown that Macbeth is fully aware of the hellish character of his secret desire for power because he reflects on his plan and its consequences (cf. I, 7, ll. 1–28). He strongly believes in the morals of those days saying that "this even-handed Justice / Commends th' ingredience of our poison'd chalice / To our own lips." (ll. 10–12), thus using the personified virtue of justice, who has hands holding equal weights, to explain to himself the unquestionable punishment of the planned murder. His metaphoric language creates mental pictures in the minds of the audience and thus has a strong impact. Justice, always fair, offers the poisoned contents of the cup which one has prepared for someone else. This shows that Macbeth knows that he can't pervert justice and that punishment will be inevitable. But he is ready to accept eternal damnation; he only fears the consequences in this world (ll. 7–8). Moreover, he can even analyse his lack of temperance when it comes to ambitious aims because the motivation of his plan is, in his own words, "only / Vaulting ambition, which o'erleaps itself / And falls on th'other" (ll. 26–28). At this stage of the play, he still needs his wife's encouragement to undertake the murder since his reason is still too much in control. But Lady Macbeth will be the "spur / To prick the sides" (ll. 25–26) of his intention.

HE IS FULLY AWARE OF THE MORAL IMPLICATIONS

This whole complex character is what makes him more than just an ambitious and brutal tyrant. He is fully aware of the moral implications of his plan and knows that a murder of a king, who is above even a guest at his house, will be punished one day: "He's here in double trust: / First as I am his kinsman and his subject, / Strong both against the deed; then, as his host, / Who should against his murtherer shut the door, / Not bear the knife myself." (ll. 12–16). However, he is so much ruled by his ambition that he has no power to control his inner desires. A most powerful and heroic man fails when it comes to the virtue of temperance because he has no power to protect reason from his bad instincts. Thus, his tragic flaw ('hamartia') causes both his rise and downfall. This shows that negligence of the code of temperance leads to the violation of positive traits and finally, to a chaotic disturbance of both micro- and macrocosm.

Task 3 **

Analyse the text extracts taking into consideration how and to what effect dramatic irony is used in this scene. (Text: Extracts from Act 1, scene 4)

Model answer

DUNCANS TRUST IN MACBETH IS EXTREME

Duncan is told that the Thane of Cawdor has confessed his treason and died a noble death. As response he states that "There's no art / To find the mind's construction in the face: ..." (ll. 11–12). He has been deceived by the Thane of Cawdor's outward appearance and is absolutely disappointed. Nevertheless, he puts as much trust in Macbeth, another great deceiver which the audience is already aware of due to the asides in the preceding scenes. This is dramatic irony, what seems to be fair – here the apparently noble Macbeth who enters with the nobles – is foul – Macbeth already plans to murder the king. The dramatic impact of the scene is established by the discrepancy between the great amount of honour offered Macbeth by a most just and beloved king (he even plans a visit at Inverness) and the responding great amount of hypocrisy returned by Macbeth, who is fully aware of the honour attributed to him and his obligations as subject to the king (ll. 24–27). Throughout the scene, Duncan is not aware of the full meaning of his words, he feels safe in his God-given position as king among his loyal subjects and kinsmen and proclaims his son Malcolm heir to the throne. His trust in Macbeth is extreme and this probably affects the audience because Macbeth takes his leave to prepare the vicious plan which he himself recognizes as his "black and deep desires" (l. 51).

Task 4 ***

Explain how Lady Macbeth is presented in the text extract at hand and point out her function in the play. (Text: Act I, scene 5, ll. 1–28)

Model answer

Lady Macbeth is introduced to the audience reading a letter from her husband in which he tells her of his meeting with the witches. At once, she thinks of the promised kingship (ll. 13–14), but fears that Macbeth won't be purposeful enough to carry out the plan of murdering Duncan. She, too, is thinking of the murder without having talked about it to her husband (ll. 14–16). She reflects on his nature which according to her is "too full o'th'milk of human kindness" (l. 15) and may prevent him from taking action. Thus, she sees it as her part to encourage her husband and to "pour" her "spirits" in his ear (l. 24) so that "fate" and "metaphysical aid" (l. 27) may come true. In her monologue she even prays for evil power and strength to carry out her purpose: "Come, you Spirits / That tend on mortal thoughts, unsex me here" (ll. 38–39). The fact that she wants to be 'unsexed', i.e. that she is taken away her womanhood and all the weakness which it stands for, shows that the following reversal of roles between husband and wife is fully unnatural. It is Lady Macbeth who envisions the cruel murder in her monologue, "take my milk for gall, you murth'ring ministers" (l. 46).

LADY MACBETH APPEARS AS PERSONIFIED EVIL

For the audience, Lady Macbeth appears as personified evil not only because of her hellish intention. The fact that roles are reversed makes it even worse because to the Elizabethan audience it is clear that once a husband is ruled by his wife, order is violated and chaos will be the ultimate outcome. Her dramatic function is both, she encourages the murder of Duncan while he is a guest at their castle and she represents the dangers of a violation of order by a reversal of roles. This is why she is disturbed in her mind at the end. She is a woman, still, and has not at all enough power to control her husband because once Macbeth has committed the crime he does not need her support anymore. He rules despotically trusting none but himself; Lady Macbeth does not know about the murder of Banquo, for example. Finally, she walks in her sleep and speaks her part in the crimes she has committed so that the order is restored.

LITERATUR

Zitierte Ausgabe:

Shakespeare, William: *Macbeth.* Hrsg. von Barbara Rojahn-Deyk, Stuttgart: Philipp Reclam jun., 2000 (Nr. 9220).

Primärliteratur:

Shakespeare, William: *Macbeth*. Englisch und Deutsch. Übersetzt und herausgegeben von Barbara Rojahn-Deyk. Stuttgart: Philipp Reclam jun., 1996. (Reclam-Universalbibliothek Nr. 9870)

Shakespeare, William: *Macbeth*. Hrsg. von Bernard Lott. Harlow: Longman Group Limited, 1996. (Reihe *New Swan Shakespeare*). → Diese Ausgabe ist ausführlich kommentiert.

Shakespeare, William: *Macbeth*. Tragödie. Übersetzt von Dorothea Tieck. Hrsg. von Dietrich Klose. Stuttgart: Philipp Reclam jun., 2001. (Reclam Universal-Bibliothek Nr. 17)

Sekundärliteratur:

Abrams, M. H., Greenblatt, Stephen (Hrsg.): *The Norton Anthology of English Literature*. Seventh Edition, Volume 1 und 2. New York, London: W. W. Norton & Company 2000. → Standardwerk der englischen Literatur mit Einführungen in die einzelnen Epochen.

Adams, Richard (Hrsg.): *Teaching Shakespeare*. Essay on approaches to Shakespeare in schools and colleges. London: Robert Royce Limited, 1985.

Blinn, Hansjürgen (Hrsg.): *Shakespeare Rezeption*. Die Diskussion um Shakespeare in Deutschland. II. Ausgewählte Texte von 1793 bis 1827. Berlin: Erich Schmidt, 1988.

Brown, Russel: *Shakespeare: The Tragedy of Macbeth*. London: Edward Arnold Ltd, 1963.

Bullough, Geoffrey (Hrsg.): *Narrative and Dramatic Sources of Shakespeare*. Volume VII Major Tragedies: Hamlet, Othello, King Lear, Macbeth. London: Routledge and Kegan Paul, 1973.

Cahn, Victor L.: *Shakespeare the Playwright*. A Companion to the Complete Tragedies, Histories, Comedies, and Romances. New York, London: Greenwood Press, 1991.

Cookson, Linda, Loughrey, Bryan (Hrsg.): *Critical Essay on ‚Macbeth'. William Shakespeare*. Burnt Mill: Longman Group Limited, 1988.

Gutzen, Dieter; Oellers, Norbert; Petersen, Jürgen H.: *Einführung in die neuere deutsche Literaturwissenschaft*. 6. Neugefasste Auflage. Berlin: Erich Schmidt 1989.

Kliman, Bernice W.: *Shakespeare in Performance. Macbeth*. Manchester, New York: Manchester University Press, 1992.

Muir, Kenneth: *The Sources of Shakespeare's Plays*. London: Methuen & Co Ltd, 1977.

Mullin, Michael (Hrsg.): *‚Macbeth' Onstage*. An Annotated Facsimile of Glen Byam Shaw's 1955 Promptbook. Columbia, London: University of Missouri Press, 1976.

Schamp, Jutta: *Repräsentation von Zeit bei Shakespeare. Richard II., Henry IV., Macbeth.* Tübingen: Gunter Narr, 1997.

Schartmann, Elke: *Einsamkeit bei Shakespeare und in der Renaissance-Tradition*. Heidelberg: Carl Winter, 1990.

Schulze, Fritz W.: *Shakespeare: Macbeth. Dichtung und Wirklichkeit*. Frankfurt am Main: Ullstein, 1964.

Schumacher, Erich: *Shakespeares ‚Macbeth' auf der deutschen Bühne*. Emsdetten: Heinr. & Lechte, 1938.

Smallwood, Robert (Hrsg.): *Players of Shakespeare 4*. Further Essays in Shakespearian performance by players with the Royal Shakespeare Company. Cambridge: Cambridge University Press, 1998.

Suerbaum, Ulrich: *Shakespeares Dramen*. Tübingen und Basel: A. Francke, 2001. → Bietet eine übersichtliche und umfassende Einführung in das Werk Shakespeares.

Suerbaum, Ulrich: *Der Shakespeare-Führer*. Stuttgart: Philipp Reclam jun., 2001. → Der Shakespeare-Führer dient zur Einführung und als Nachschlagewerk.

Tillyard, E.M.W: *The Elizabethan World Picture*. New York: Vintage Books, 1943. → Bewährte Darstellung des Elisabethanischen Weltbildes, die für ein Verständnis von Shakespeares Dramen unverzichtbar ist.

Schülerhilfen:

Gibson, Rex (Hrsg.): *Macbeth*. Cambridge: Cambridge University Press, 2000. → Die Reihe Cambridge School Shakespeare bietet einen produktiven Einstieg in die Macbeth-Bearbeitung.

Sale, James: *Macbeth, William Shakespeare*. London: York Press, 1997. → Die Reihe York Notes bietet eine detaillierte, schülergerechte Analyse des Macbeth.

Scott, Robert Owens: *Lektürehilfen William Shakespeare, Macbeth*. Leipzig: Klett, 1996. → Interpretation der wichtigsten Strukturprinzipien.

Internet-Adressen:

http://www.shakespeare-gesellschaft.de
→ Wissenschaftlich-kulturelle Vereinigung, die sich mit Shakespeare im deutschen Sprachgebiet beschäftigt.

http://www.shakespeare-navigators.com
→ Shakespeare-Texte und Zusammenfassungen in englischer Sprache.

http://gutenberg.spiegel.de

→ enthält eine reiche, Vollständigkeit erstrebende Textsammlung der deutschen Literatur. Auch Shakespeare ist hier vertreten.

Bedeutende Verfilmungen:

Macbeth. UK/F/USA 1975.
Regie: Justin Kurzel.

Macbeth. BBC-TV/Time-Life Produktion. UK 1982.
Regie: Shaun Sutton.

Macbeth. UK/USA 1971.
Regie: Roman Polanski.

Macbeth. USA 1948.
Regie: Orson Welles.

STICHWORTVERZEICHNIS